المـفاهيم الإدارية
الحـديثة

المفاهيم الإدارية الحديثة

الدكتور
ياسر أحمد عربيات

١٤٢٨هـ/ 2008م

دار يافا العلمية للنشر والتوزيع

دار الجنادرية للنشر والتوزيع

350
عربيات ، ياسر أحمد
المفاهيم الإدارية الحديثة/ ياسر أحمد عربيات . _ عمان: دار
يافا العلمية ، 2007
( ) ص
ر.إ : 2007/10/3177
الواصفات : /الإدارة العامة//الإدارة//التنظيم الإداري/

*** تم اعداد بيانات الفهرسة الأولية من قبل دائرة المكتبة الوطنية**

الطبعة الأولى ، 2008

دار يـــــافـــــا العلمية للنشر والتوزيع

دار الجنادرية للنشر والتوزيع

الأردن - عمان - تلفاكس 00962 6 4778770
ص.ب 520651 عمان 11152 الأردن
E-mail: dar_yafa @yahoo.com

E-mail: dar_janadria@yahoo.com

الإهداء

إلى والدي ووالدتي

إلى الأخوة والأخوات

إلى زوجتي وولدي عمّار....

أهدي هذا الكتاب

الــمقدمة

لقد أصبح معرفة المفاهيم الإدارية الحديثة أمراً ضرورياً لكل قارئ سواء أكان طالباً أم عضو هيئة تدريس.

ومن خلال تدريسنا لمـادة المفـاهيم الإداريـة الحديثة لسـنوات عـدة. أصبح لدينا القناعة بضرورة وجـود كتـاب يسـاعد الطالـب عـلى فهـم واستيعاب المفاهيم الإدارية الحديثة ويراعي التطورات التي ظهرت في عالم الإدارة المعلوماتيـة مـن جـراء تكنولوجيا المعلومات والإتصالات والمسؤوليات وتأثيرها على متخذي القرار وتقديمها للقارئ بأسلوب سهل وواضح.

كما جاء هذا الكتاب مصمماً لمـن سـبق لـه أن درس المفـاهيم الإداريـة ولمـن يدرسه لأول مـرة وللطالـب المتخصـص في الإدارة. ولخدمـة المكتبـة العربيـة ورفدها لمصدر جديد.

المؤلف
الدكتور ياسر عربيات

الوحدة الاولى

المدخل إلى
علم الإدارة

الـمدخل إلى علم الإدارة

ان ابرز ما يميّز اللانسان عن كثير من المخلوقات أنه كائن اجتماعي.

ويعني ذلك أنه يقدر أن يتعامل مع الجماعة وأن يقوم بأي مجهود يوجه له وذلك من أجل تسهيل أمور العيش في حياته العملية.

وأن الإدارة في حياة الإنسان مهمة كثيرا لتنظيم جهوده وقدرته حسب حاجاته، وان الفرد يحتاج للادارة لتيسير أموره وأمور أسرته ويحتاجها أيضا بشكل كبير في المنشأة لتيسيرالأمور الإنتاجية والتسويقية.

فالادارة الناجحة هي الادارة القادرة على استغلال جميع عناصر الانتاج وتسخيرها لتحقيق حاجات المجتمع ككل، ورفع مستوى معيشة الافراد عن طريق تحويل الموارد المحدودة غير المنظمة فيه الى مشاريع نافعة.

ويتألف الدور الذي تقوم به الادارة على مستوى المنظمة من تحديد الأهداف المطلوب الوصول اليها مسبقاً وتوفير عناصر الانتاج المطلوبة ووضع الموظف في الوظيفة التي تتناسب مع مؤهلاته وخبراته وقدراته وهذا ما يعبر عنه باصطلاح وضع الرجل المناسب في المكان المناسب (to put the right man in the right place)

مفهوم الإدارة Concept of Management

❖ **المفهوم العام للإدارة**

يستخدم إصطلاح الإدارة إما للتعبير عن العملية التي يمكن عن طريقها الجمع بين الموارد المحدودة والمتاحة لتحقيق غايات معينة.

- للدلالة على مجموعة من الأفراد يتعاونون للقيام بأعمال محدودة في منشأة معينة.
- للدلالة على تنفيذ الأعمال بواسطة جهود الاخرين.

ويستخدم لفظ الأدارة للدلالة على عدد من الإستعلامات، حيث أنه يتم التكلم عن الإدارة العليا، أو الإدارة الوسطى، فالمقصود هو مجموعة الأفراد الذين يقومون بالنهوض بأعباء

أعمال محدودة وعند إستخدام اصطلاح إدارة المبيعات يعني ذلك ان يقوم العاملون بوظائف معينة لتسيير امور المبيعات.

❖ **إن لفظ الإدارة لا يوجد ضمن نظرية للأسباب التالية :**

- أنها علم تطبيقي اكثر منه نظري، يقوم على الممارسات اكثر من النظريات.
- أنها علم إجتماعي أكثر منه طبيعي أي يتعامل مع الإنسان والأحداث والعلاقات الإجتماعية.
- أنها علم يعتمد في مفاهيمه ومبادئه على كثير من العلوم الأخرى.
- أنها تعتمد في أحيان كثيرة على الظروف المحلية والموقف السائد.

❖ **تعريف الإدارة من وجهة نظر بعض العلماء:**

- **فريدرك تايلوريعرف الإدارة** : أنها المعرفة الدقيقة لما تريد من الرجال أن يعملوه ثم التأكد من أنهم يقومون بعملهم بأحسن طريقة وأرخصها.
- **اودونيل يعرف الإدارة** : أنها وظيفة تنفيذ المهمات عن طريق الأخرين ومعهم.
- **برنارد يعرف الإدارة** :هي ما يقوم به المدير من أعمال أثناء تأديته لوظيفته.

خصائص الإدارة التي تتفق عليه التعاريف السابقة :

١. الإدارة لها علاقة بالجماعة، أي أنها تطلق على الجماعة وليس على الفرد.
٢. وجود هدف للإدارة تعمل على تحقيقه.
٣. الإدارة ليست مجرد تنفيذ الأعمال بواسطة الإداري وإنما جعل الأخرين منفذون لها.
٤. وجود المعلومات الصحيحة لإنجاح عملية اتخاذ القرارات.
٥. وجود نظام إتصال فعال لإصال المعلومة إلى من يحتاجها في الوقت المناسب.
٦. الرقابة للتأكد من تنفيذ القرارات وتصحيح الإنحرافات عما هو مطلوب.

ومن أهمية الإدارة ننطلق للحديث عن الإنسان كونه مدير للإدارة ونتحدث أيضا عن أهمية المدير والوظائف والأدوار التي يقوم بها في القطاع العام والخاص.

تعريف المدير:

هو الشخص الذي يقوم بتنفيذ مهامه وواجباته عن طريق الأخرين او بمعنى آخر هو الشخص المسؤل عن توجيه أعمال الأخرين.

نستنتج من هذا التعريف وغيره أن نجاح أي مدير في تحقيق اهدافه وتنفيذ مهامه وواجباته بالشكل الأمثل يتوقف على مقدرته على توجيه مرؤوسيه أي على مقدرته في التأثير في سلوك مرؤوسيه وإقناعهم بضرورة التعاون معه والتسابق لتنفيذ اوامره وتعليماته الصادرة بخصوص العمل.

وهذا يعني أنه على المدير حتى ينجح في تحقيق اهدافه ومهامه أن يتمتع بمهارات ومعارف متنوعة تميزه عن غيره من الأفراد وتؤهله لممارسة الأدوار المختلفة التي يقوم بها لضمان نجاح العمل الذي يقوم بإدارته فما هي المهارات التي يحتاج إليها المدير؟

طبيعة الادارة : الادارة علم وفن :

إن الإدارة علم وفن art and science فهي فن لأنه لا بد للمدير أن يمتلك القدرة الشخصية على تطبيق الأفكا ر والنظريات والمبادئ الإدارية بطريقة ذكية ولبقة تعكس الخبرة والتجربة والممارسة.

والإدارة علم لأننا ندرس في الجامعات نظريات ومبادئ وأفكار إدارية وبذلك يمكن القول أن الإدارة هي علم وفن في نفس الوقت. فالإدارة هي علم وفن وموهبة وتخصص علمي وليست استعراض لبطولات شخصية وليست ركوبا للسيارات الحديثة وليست

تباهي بالتكنولوجيا وليست إستخدام للسكرتيرات الجميلات بل هي تهدف إلى معرفة ما تريد من الأخرين أن يقوموا به ثم التأكد من أنهم يقومون به بأ فضل وأرخص طريقة.

وعلى الإداري ان يكون لديه قدرة تنبؤية والعمل على التخطيط والتنظيم والقيادة والتحفيز والتنسيق والرقابة وهي تنفيذ الأشياء بواسطة الأخرين من أجل تحقيق الأهداف المتوخاة بسرعة قصوى وبأقل كلفة أي كما نقول أقصى مردود بأقل مجهود.

وظائف المدير :

يجب على كل مدير أن يمارس أربع وظائف أساسية أياً كان موقعه في التنظيم سواء كان مديرعام أم مدير قسم :

١. التخطيط للعمل الذي يريده.
٢. تنظيم العمل الذي يشرف عليه.
٣. توجيه المرؤوسين الخاضعين لإدارته إلى طرق الأداء الصحيحة وتحفيزهم على العمل بشكل مستمر.
٤. الرقابة على كافة العناصر الخاضعة لإشرافه للتأكد من أن ما يتم تنفيذه مطابق لما جرى التخطيط له وبيان الإنحرافات إن وجدت وتحري أسباسها ووضع الحلول السليمة لها.

أدوار المدير :

إلى جانب الوظائف الإدارية التي يقوم بها الإداري التي ذكرت سابقا من تخطيط وتنظيم وتوجيه ورقابة فإن على المدير أن يمارس عددا من الأدوار من أهمها ما يلي :

١. الدور الرمزي :ويتمثل بقيام المدير ببعض الواجبات القانونية والإجتماعية مثل استقبال زوار المنشأة والترحيب بهم ودعوتهم على وجبة الغداء أو العشاء وكذلك

المشاركة في المناسبات والتحدث باسم المنشأة وتمثيلها في المؤتمرات والندوات وتوقيع

٢. الدور القيادي : ويتمثل بقيام المدير بتشجيع العاملين وتحفيزهم على العمل وتوفير جو العمل المناسب لهم وتحقيق التفاعل الإجتماعي وتنمية روح الفريق لدى العاملين

٣. دور ضابط الإتصال : ويتمثل بقيام المدير بدور حلقة الوصل ما بين المنشأة و ما بين الأطراف الخارجية المتعاملة معها مثل الموردين والعملاء والبنوك والهيئات الأخرى التي تتعامل معها وذلك بهدف الحصول على المعلومات الازمة لتنفيذ العمل بالشكل الأمثل.

٤. دور رجل الأعمال أو المستثمر : أي يجب على المدير أن يقوم باستمرار البحث عن فرص ومشاريع إستثمارية جديدة للمنشأة والمبادرة إلى تحسين وتطوير المنشأة من خلال إدخال أفكار جديدة أو إدخال تغيرات نوعية على منتجاتها أو على هياكلها التنظيمية...ألخ، وذلك لكي يضمن لمنشآته النجاح والإستمرار في الحياة الإقتصادية له .

أهمية الإدارة :

١. الإدارة مثل القلب هي العضو المسؤول عن تحقيق نتائج المنظمة مثل القلب المسؤول عن إمداد الجسم بالدم اللازم لبقائه.

٢. الإدارة مسؤولية ليس لها أهمية بذاتها وإنما مسؤولية عن تحقيق النتائج.

٣. أهمية الإدارة مستمدة من النتائج المفروض أن تحققها في المجتمع في جميع المجالات.

٤. لا يمكن تصور منظمة أو شركة أومؤسسة بدون إدارة.

٥. الإدارة مطلوبة وضرورية لكل أشطة المنظمات ولكل مستويات الإدارة.

مستويات الإدارة :

- **الإدارة العليا :** وهي تتكون عادة من المدير العام أو مجلس الإدارة وتكون مهمتها الإشراف على إدارة المنشأة وتحديد الإهداف العامة والإستراتيجية المراد الوصول إليها وصياغة الإستراتيجيات والسياسات اللازمة لتحقيق هذه الأهداف بأسرع وقت وأقل كلفة وتزداد حاجة المدير في مستوى الإدارة العليا إلى المهارات الفكرية والإنسانية أكثر من حاجته إلى المهارات الفنية

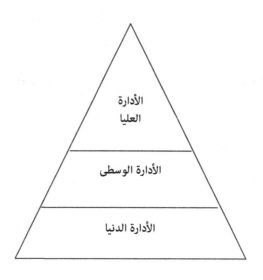

مستويات الإدارة

- **الإدارة الوسطى :** وتمثل الإدارة الوسطى حلقة الوصل ما بين الإدارة الدنيا والإدارة العليا وهي تتكون عادة من مدراء الإدارات النوعية مثل مدير الإنتاج والتسويق والتمويل والشؤون الإدارية...ألخ.وتتركز مهام الإدارة الوسطى حول ترجمة الأهداف العامة والإستراتيجية التي وضعت من قبل الإدارة العليا إلى أهداف فرعية تخصصية وتوزيعها على الأقسام التابعة لهل كل حسب تخصصه وتزداد حاجة المدير في هذا المستوى إلى المهارات الفكرية والإنسانية إلى جانب المهارة الفنية.

- **الإدارة الدنيا (الإدارة التنفيذية):** وهي تتكون من رؤوساء الأقسام ومهمتها وضع الخطط التفصيلية، فمدير التسويق مثلا يمكن أن يكون مديرا ناجحا لشؤون الإنتاج ويستطيع هذا المدير الكفء أن يدير منظمة أخرى خدمية كانت أم إنتاجية

وظائف الإدارة :

١. **التخطيط** Planning: هو عملية تجميع المعلومات وإفتراض توقعات في المستقبل من أجل صياغة النشاطات اللازمة لتحقيق اهداف المؤسسة وهو يتضمن إرتباط النشاط بالأهداف وذلك بتوجيه الجهود نحو الوصول إلى النتائج المرجوة ويعد التخطيط الوظيفة الأولى من وظائف الإدارة فهي القاعة التي تقوم عليها الوظائف الإدارية الأخرى وهو عملية مستمرة تتضمن تحديد طريقة سير الأمور التي سيقوم بها الأفراد والإدارات والمنظمة ككل لمدة أيام وشهور وحتى سنوات قادمة.

٢. **التنظيم** **organization**: هو كيفية توزيع المسؤوليات والمهمات على الأفراد العاملين في المؤسسة ويبين العلاقات بين الانشطة والسلطات وتعرف وظيفة التنظيم بأنها عملية دمج موارد بشرية ومادية من خلال هيكي رسمي يبين المهم والساطات.

٣. **التوجيه** Directing: إرشاد وتحفيز أنشطة الأفراد في الإتجاهات المناسبة لتحقيق الأهداف المطلوبة ويعتبر التوجيه الوظيفة الأكثر أهمية في المستوى الإداري الأدنى لأنه ببساطة من الوظائف الإدارية التي تركز معظم جهود العاملين في المنظمة وخاصة أنه يهتم بالعنصر الإنساني في المؤسسة.

٤. **الرقابة** Controlling: وهي آخر الوظائف الإدارية وهي المعنية بالفعل بمتابعة كل من هذه الوظائف لتقييم أداءالمنظمة تجاه تحقيق أهدافها والتأكد من أن

التنفيذ يسير على أساس الخطة الموضوعة، وإذا وجد إنحراف فيجب تعديله وهي وظيفة مرتبطة بشكل كبير بالتخطيط والغرض الأساسي منها تحديد مدى نجاح وظيفة التخطيط.

مجالات الإدارة fields management

هناك مجالات متعددة تطبق فيها الإدارة، فهي تطبق في القطاع العام public sector ويطلق عليها في هذه الحالة الإدارة العامة public _ administration وتطبق في المجال الاقتصادي economic sector وتسمى في هذه الحالة إدارة الأعمال _ business administration.

فالإدارة العامة هي : جميع العمليات التي تستهدف تنفيذ السياسة العامة للدولة وذلك عبر إستخدام وتنظيم وإدارة الطاقات البشرية والمادية.

وهي نشاط عام يهدف إلى تقديم الخدمة العامة لتسيير الحياة اليومية للمواطنين في مختلف المجالات الإقتصادية والأمنية والثقافية والتربوية والبيئية.

* وهي مجموع العمل الحكومي الموجه نحو أداء الخدمات العامة والإنتاج الحكومي وتنفيذ مختلف القوانين.

إدارة الأعمال : هي تخطيط وتنظيم وقيادة ورقابة جهود الأفراد الآخرين لتحقيق أهداف خاصة محددة في منشآت خاصة تعود ملكيتها لأفراد أو شركات مساهمة مقفلة.

وهناك إدارة تسمى بإدارة المستشفيات : وهي الإدارة التي تطبق في المستشفيات، وإدارة تسمى إدارة الفنادق وهي الإدارة التي تطبق في الفنادق، وهناك إدارة تسمى إدارة المعرفة وهي الإدارة التي تطبق في مجال يتعلق بإدارة المعلومات ومنها شبكات الإنترنت. وهكذا نلاحظ أن الإدارة تكتسب إسم المجال الذي تطبق فيه.

فـإذا طبقـت في الـوزارات والمصـالح العامـة سـميت إدارة عامـة، إذا طبقـت في النشاطات الإقتصادية سميت إدارة أعمال...ألخ، وتعتبر الإدارة العامة وإدارة الأعمال من أهم التقسيمات الإدارية.

- **أوجه الاختلاف بين الإدارة العامة وإدارة الأعمال :**

الإدارة العامة	إدارة الأعمال
١. تعمل في ظروف إحتكارية. ٢. تؤدي خدمات عامة هدفها الخدمة وليس الربح. ٣. تلتزم قاعـدة مسـاواة المـواطنين بالخدمـة بلا تمييز. ٤. الموظف يعمل بصفته لابإسـمه بـل بإسـم النظام العام. ٥. تخضع الإدارة العامة للمسؤولية العامة ٦. تلتـزم الإدارة العامـة بتزويـد المـواطنين بالمعلومات التي تمكنهم من الرقابة.	١. تتميز بروح المنافسة الحادة ٢. تهدف لتحقيق أقصى ربح ممكن ٣. غير ملزمة أن تساوي بين جميع الزبائن. ٤. الموظف يعمل بإسمه شخصيا. ٥. لاتخضـع مؤسسـات القطـاع الخـاص للمسؤولية العامة. ٦. أصغر عادة من الإدارات العامة. ٧. عدد أقل مـن المـوظفين والعـاملين حيـث لا يتم توظيف أحد ليسو ا بحاجة إليهم.

مفهوم الإدارة المحلية:

إن مفهوم الإدارة المحلية يتطلب تميزه عن غيره من المصطلحات التي تلتقـي معـه في مجال إدارة الشـؤون المحليـة للمنـاطق والاقـاليم مـن قبـل الهيئـات والإدارات المحليـة المنتخبة من قبل السكان المحليين مع إبقاء إشراف ورقابة من السـلطة المركزيـة في الدولـة الموحدة ويمكن ان يمنح الإقليم حرية اكـثر في مجـال الإدارة المحليـة اتجـاه الحكـم المحـلي والذي يمنح الإقليم أو منطقة معينة حكم محـلي ضـمن نطـاق الدولـة في مجـالات الإدارة

والتشريع والقضاء مع إبقاء النظام السياسي وصد العدوان الخارجي من مسؤولية الدولة الأم وما عدا ذلك يكون من اختصاص منطقة او إقليم الحكم المحلي.

- وهناك خصائص معينة لا بد من توافرها في الإدارة المحلية :
  ١.وجود مصالح تتطلب قيام نظام قانوني معين.
  ٢.وجود هيئات محلية منتخبة تتمتع بشخصية القانونية المستقلة.
  ٣.توفر نوع من الإستقلال القانوني والإداري والمالي والسلطة المحلية.

- تدريب الهيئات المحلية على ممارسة حقها السياسي عن طريق انتخاب ممثليها في المجالس المحلية والوحدات الإدارية على مستوياتها المختلفة.

- هناك اختلاف واضح بين مفهوم الحكم المحلي الذي يتضمن سلطات سياسية للوحدة الإدارية وبين الإدارة المحلية لأن اللبس يأتي من الخلط بين كل من مفهومي اللامركزية وبين الإدارة المحلية.

ويتحدد الفارق بين هذين المصطلحين في كون السلطة تفوض من المستويات الأدنى في حالة اللامركزية الإدارية بينما تنقل السلطة لتصبح من اختصاص السلطات المحلية لتمتعه باستقلال قانوني ومالي وإداري في حالة الإدارة المحلية.

تعريف الإدارة المحلية :

لا بد من الإعتراف بصعوبة تقييد تعريف جامع ودقيق للإدارة المحلية وتظهر هذه الصعوبة فعلا في التعريفات التي قدمها المفكرون الذين تطرقوا لهذا الموضوع والتي يلاحظ عليها الكثير من التباين والإختلاف. وتقوم على أساس توزيع سلطة صنع القرار بين أجهزة الإدارة المركزية وبين أجهزة الإدارة المحلية بشقيها المجالس المحلية ووحدات الإدارة العامة.

وهناك تعاريف عديدة للعلماء وقد ذكرa.h. Marshall بان الحكومة المحلية لها ثلاث خصائص وهي :

1. أنها تعمل ضمن منطقة محددة جغرافيا ضمن دولة أو ولاية.
2. وجود انتخاب او اختيار محلي.
3. تمسكها بقدر من الإستقلالية لا سيما في جمع ضرائبها

لذا ومن خلال التعاريف السابقة والخصائص المشار إليها تبين أن قيام حكومة محلية يتطلب توافر شروط منها :

- وجود منطقة جغرافية محددة.
- وجود سكان في المنطقة المحددة.
- وجود تنظيم مستقر فيها.
- تمتع التنظيم بالسلطة للقيام بتنفيذ النشاطات العامة.
- تمتع التنظيم بالمقدرة على إبرام العقود والمقاضاة.
- إمكانية جمع الضرائب وتقدير الموازنة المحلية.
- مجلس محلي يمثل سكان المنطقة.

أسباب ظهور الإدارة المحلية :

أولا: الأسباب السياسية :

1. إن الإدارة المحلية تعتبر تعبيرا صادقا عن رغبة المواطنين.
2. تمثل الإدارة المحلية امتدادا لمبدأ حكم الشعب نفسه بنفسه ولمصلحته.
3. تحمل على توفير الفرص لاشتراك المواطنين في إدارة وحداتهم المحلية الامر الذي يمكنهم من التدرب على ممارية العمل السياسي.
4. تؤدي الإدارة المحلية إلى تربية الناخبين تربية سياسية من خلال ممارستهم للديمقراطية مما يمكنهم من الإختيار الأفضل لممثليهم.

ثانيا : الأسباب الإقتصادية :

١. تؤدي إلى تنشيط الإقتصاد القومي بالإضافة إلى خلق نشاط اقتصادي محلي.

٢. تؤدي إلى القيام بمشروعات اقتصادية ينطلق من واقع المجتمعات المحلية.

ثالثا : الأسباب الإجتماعية :

١. المساعة على تطبيق مبدأ المشاركة الإجتماعية للسكان المحليين كقاعدة للديمقراطية.

٢. التخلص من بعض العادات والتقاليد الإجتماعية الضارة كمؤشر على تخاف هذه المجتمعات.

الأسس التي تقوم عليها الإدارة المحلية :

- **الشخصية المعنوية** :وذلك بأن تمتع الإدارة المحلية بالشخصية المعنوية هو الأساس القانوني الذي يميز اللإدارة المحلية او اللامركزية الإقليمية عن المركزية الإدارية.
- **إحتفاظ السلطة المركزية بحق الرقابة المحدودة على الإدارة المحلية للمنشأة :** فالرقابة الإدارية تفرضها طبيعة العلاقة بين السلطة المركزية والإدارة المحلية.
- **حق الإنتخاب** : أي حق الإنتخاب المباشر لأعضاء الهيئات المحلية وممثليها في الوحدات الإدارية المختلفة.

علاقة الإدارة بالعلوم الأخرى :

لعلم الإدارة علاقة وثيقة بالعديد من العلوم الإجتماعية والتطبيقية والعلوم الأخرى.

- **علم الاقتصاد : يهتم بدراسة النشاط الإنساني في المجتمع من وجهة نظر الحصول على السلع والخدمات الضرورية لأشباع الحاجات المختلفة. وينظر إلى إدارة الأعمال على أنها تعبير وتطبيق عملي للنظريات الإقتصادية المختلفة.**

- **علم النفس** : يدرس سلوك النفس الإنسانية سواء للعاملين أو المتعاملين وكيفية تحفيزهم أو التأثير في سلوكهم وزيادة الإنتاجية ونوعية المنتج. ويجب على الإداري أن يلم بوسائل التشجيع والتغيب وحفز العاملين لتحقيق الأهداف وزيادة الإنتاج.

- **علم الإجتماع** : يهتم بدراسة الجماعات وتكوينها ووظائفها والعلاقات التي تنشأ بين هذه الجماعات ويوجد علاقة بين علم الإجتماع والإدارة من حيث أن المنشأة لاتعيش في معزل عن المجتع بل تتفاعل مع أفراده.

- **علم القانون** : هي مجموعة من القواعد والأسس والتعليمات التي تضعها الدولة لتحديد الواجبات والأعمال التي يجب أ ن يقوموا بها وعلاقته بالإدارة من خلال سن التشريعات وحماية المنتجين وتشجيع السلع المحلية وحماية الميزان التجاري.

- **العلوم الطبيعية والرياضية:** يقصد بالعلوم الطبيعية والرياضية، علم الفيزياء، والكيمياء والأحياء والرياضيات، وعلم الفلك، ومن مظاهر العلاقة بين إدارة الأعمال وهذه العلوم ظهور ما يسمى بحوث العمليات. ظهر هذا العلم أبان الحرب العالمية الثانية، حيث استعمله الجيش الأمريكي لتحديد مكان العدو ودقة تصويب المدفعية وتحديد مكان غواصات أعدائهم، وبعد ذلك استفادت منه إدارة الأعمال في المنظمات المختلفة يستعملون علم الإحصاء ونظرية الإحتمالات والمعادلات للتوصل إلى قرارات رشيدة. غالباً ما يتم اتخاذ هذه القرارات في ظل ظروف تتسم بعدم التأكد بسبب نقص المعلومات اللازمة لذلك.

الوحدة الثانية

تطور الفكر الإداري

والمدارس الإدارية

الفكر الإداري

لقد تطور الفكر الإداري خلال سنوات طويلة من الممارسات الإدارية في المؤسسات الإدارية المختلفة، وكذلك أسهمت دراسات وبحوث عدد كبير من المفكرين والعلماء في إثراء المعرفة الادارية، ووضع نماذج ونظريات ومبادىء تفسير الإدارة كظاهرة اجتماعية. وفي أثناء هذا التطور اتسم الفكر الإداري بسمات ميزات كل مرحلة من حيث المداخل والاتجاهات التي وجه إليها هؤلاء العلماء اهتماماتهم، وهو ما نتج عنه أكثر من رافد فكري، تمثل في أكثر من مدرسة من مدارس الإدارة.

ولكل مدرسة نظرياتها التي أثرت الفكر الإداري، ولا زالت تحظى حتى وقتنا هذا باهتمام الباحثين والدارسين والممارسين للادارة لما تقدمه هذه النظريات من مفاهيم ومبادىء وقواعد وأساليب منظمة للأنشطة والأعمال الهادفة.

مدارس أو مداخل الإدارة:

ويمكن تصنيف تلك المدارس وفقاً لإسهامات الكتاب والباحثين إلى:

* المدخل الكلاسيكي : ويشمل عدة اتجاهات أهمها:

١. مدرسة الإدارة العلمية.

٢. البيروقراطيه.

* المدخل السلوكي : ويندرج تحته مدرسة العلاقات الإنسانية.

* المدخل المعاصر : ويشمل :

١. مدرسة النظم.

٢. المدرسة الكمية ((بحوث وإدارة العمليات)).

٣. المدرسة الموقفية.

٤. الادارة بالاهداف والنتائج.

٥. الادارة اليابانيه.

أولاً:المدخل الكلاسيكي:

كان التوجيه الأساسي لهذا المدخل هو زيادة إنتاجية المـنظمات مـن خـلال التركيـز على بعض العناصر أو الوسائل من أهمها :

١. دراسة أفضل الطرق الفنية لأداء العمل.

٢. الاهتمام بكفاءة العملية الإدارية.

٣. وضع مبادىء معيارية توجه وتظبط العمل في المنظمة.

نظرية الإدارة العلمية Scientific Management

وهي عبـارة أسـلوب في الإدارة يهـتم أساسـاًبتطوير أداء الفـرد أي أنهـا تركـز عـلى العمل work وليس على الفرد العامل Individual وظروفه.

وتركز هذه النظرية على أربعة أسس هي :

١. استخدام الأسلوب العلمي في التوصل إلى حلول للمشاكل.

٢. اختبار العاملين حسب الجدارة.

٣. الاهتمام بتدريب العاملين.

٤. الارتكاز على مبدأ التخصص بحيث تسند للإدارة الوظائف الإدارية، ويتولى العـاملون مهام التنفيذ.

ومن رواد هذه المدرسة فريـدريك تـايلور Taylor، هـنري جانـت، فرانـك وليـان، جلبرت، فاكس ويبر وهنري فايلول.

رواد الإدارة العلمية

فريـدريك تـايلور: كـان عـاملاً في مصـنع الصـلب والحديـد في أمريكـا. ومـن ثـم مراقباً. بعد ذلك درس الهندسة وأصبح مـديراً. وكـان مـن رواد علـماء الإدارة الكلاسيكسـة ويسمى بأبو الإدارة. لذلك كان تركيزه على العامل بسبب كونـه عـاملاً أصـلاً. أرسى قواعـد

حركة الإدارة العلمية، فهو الذي حدد المبادىءالتي يقوم عليها، وهو الذي أعلن الأهداف الحقيقية التي تسعى إليها وهي زيادة الإدارة والعمال، واقناع الطرفين بـأن الـذي يحكـم العلاقة بينهما مصالح مشتركة وليست مصالح متضاربة لايمكن التوفيق بينها.وكانت المساهمة الأساسية لتايلورفي إرساء المبادىء الأساسية للإدارة العلمية هي :

١.إحلال الطرق العلمية محل الطرق البدائية في العمل.

٢.الاختبارالعلمي للعمال وتدريبهم على أساس علمي.

٣.تعاون كل من الإدارة والعمال طبقاً للطريقة العلمية.

٤.تقسيم عادل للمسؤولين بين المديرينوالعمال مع قيـام المـديرين بتخطيط وتنظيم العمل، وقيام العمال بالتنفيذ.

هنري فايول:هو عالم إدارة فرنسي معاصر عاش في فرنسا ويعرفه الكتاب الإدارة إلى مرتبه الأب الحقيقي للإدارة الحديثة فقد ابتدع مفهوم العملية الإداريـة كمنطلـق لدراسـة طبيعـة الإدارة.وكانـت مسـاهمات هـنري كثـيرة في تكـوين نظريـة الإدارة وترتكـز عـلى المساهمات التالية:

أ- تقسيم أوجه النشاط التي تقوم بها المشروعات الصناعية إلى :فنية (الإنتاج) تجارية (الشراء _البيع _المبادلة) مالية (الحصول على رأس المال، الاستخدام الأمثل لـه) تأمينية (حماية الأفراد والممتلكات) محاسبية (التكاليف والإحصاءات)إدارية (التخطيط _التنظيم _التوجيه _التنسيق-الرقابة).

ب- تقديم مبادىء عامة للإدارة تتصف بالمرونة ولكنها ليست مطلقة، ويجب أن تستخدم في ضوء الظروف المتغيرة والخاصة بكل مشروع، ومـن أهـم هـذه المبـادىء :(التخصص، وحدة الأمر، السلطة والمسؤولية، الالتزام بالقواعد، المركزية، تسلسل القيـادة، العدالة، العمل بروح الفريق، خضوع المصلحة الشخصية للمصلحة العامة).

وللإدارة حسب رأي فايول أربعة عشر مبدأ هي :-

١. **تقسيم العمل:** التخصص يتيح للعاملين والمدراء كسب البراعة والضبط والدقة والتي ستزيد من جودة المخرجات. وبالتالي نحصل على فعالية أكثر في العمل بنفس الجهد المبذول.

٢. **السلطة:** إن إعطاء الأوامر والصلاحيات للمنطقة الصحيحة هي جوهر السلطة، والسلطة متأصلة في الأشخاص والمناصب فلا يمكن تصورها كجزء من المسؤولية.

٣. **الفهم وتشمل الطاعة** والتطبيق والقاعة والسلوك والعلامات الخارجية ذات الصلة بين صاحب العمل والموضفين. هذه العناصر مهم جداً في أي عمل، من غيرة لا يمكن لأي مشروع أن ينجح وهذا هو دور القيادة.

٤. **وحدة مصدر الأوامر:** يجب أن يلتقى الموضفين أوامرهم من مشرف واحد فقط بشكل عام يعتبر وجود مشرف واحد أفضل من الإزدواجية في الأوامر.

٥. **يد واحدة وخطة عمل واحدة:** مشرف واحد بمجموعة من الأهداف يجب أن يدير مجموعة من الفعاليات اها نفس الأهداف.

٦. **اخضاع الإهتمامات الفردية للإهتمامات العامة،** ان اهتمام فرد او مجموعة في العمل يجب أن لا يطغى على أهتمامات المنظمة.

٧. **مكافآت الموظفين:** قيمة المكافآت المدفوعة يجب أن تكون مرضية لكل من الموظف وصاحب العمل، ومستوى الدفع يعتمد على قيمة الموظفين بالنسبة للمنظمة، وتحلل هذه القيمة لعدة عوامل مثل : تكاليف الحياة، توفر الموطفين، والظروف العامة للعمل.

٨. **المركزية:**أي شيء يعمل على تقليل الاهتمامات الفردية يعتبر مركزي.وأي شيء يزيد من الاهتمامات يسمى لا مركزي، في كل الحالات يجب الموازنة بين هذين الأمرين.

٩. **قنوات الاتصال:**السلسلة الرسمية للمدراء من المستوى الأعلى للإدنى ((تسمى الخطوط الرسمية للإوامر))، والمدراء هم حلقات الوصل في هذه السلسلة.فعليهم الاتصال من خلال القنوات الموجودة فيها.بالإمكان تجاوز هذه القنوات فقط عندما توجد حاجة حقيقية للمشرفين لتجاوزها وتتم للموافقة بينهم.

١٠. **الأوامر:**الهدف من الأوامر هو تفادي الهدر والخسائر.

١١. **العدالة:**المراعاة والإنصاف يجب أن يمارسوا من قبل جميع الأشخاص في السلطة.

١٢. **استقرار الموظفين:** يقصد بالإستقرار بقاد الموضف في عملة وعدم نقلة من عمل لآخر.ينتج عن تقليل نقل الموظفين من وظيفة لأخرى فعالية أكثر ونفقات أقل.

١٣. **روح المبادرة** :يجب ان يسمح للموضفين بالتعبير بحرية عن مقترحاتهم وأفكارهم على كافة المستويات، فالمدير القادر على إتاحة هذه الفرصة لموظفية أفضل بكثير من المدير الغير قادر على ذلك.

١٤. **إضفاء روح المرح للمجموعة:** في الوحدات التي بها شدة : على المدراء تعزيز روح الألفة والترابط بين الموظفين ومنع أي أمر يعيق هذا التآلف.

تقييم الإدارة العلمية كشكل الفرضيات التي تبنى عليها آراء تايلور واتباعة ما يسمى بنظرية الرجل الاقتصادي ومفادها ما يلي :

١. ان الفرد شخص اناني يسعى دائما الى تحقيق مكاسبة الذاتية.

٢. أن الفرد كسول بطبيعتة يجب مراقبتة بدقة وتحفيزة باستمرار.

٣. الكسب المادي هو الحافز الاكثر اهمية في زيادة الانتاجية.

ويختلف فايول عن تايلور في انة ركز على فئة الاداريين وعلى ادارة المنظمة الكبيرة بينما ركز تايلور على فئة العمال وعلى ادارة الورشة او المصنع الصغير. وركز فايول على الادارة كنظرية يمكن لاي شخص ان يتعلمها في المدارس والجامعات ويعد

المبتكر الاصلي لمفهوم العملية الادارية كاطار فكري واضح المعالم لفهم طبيعة الادارة ووظائفها.

الانتقادات الموجهة الى الادارة العلمية :

وهذه الانتقادات تنبع من الفرضيات التي بنيت عليها نظرية الرجل الاقتصادي وهي ما يلي :

١. نظرتها الى العامل على اساس انه الة بيولوجية يمكن التحكم بها عن طريق الاغراء المادي.

٢. إهمال النواحي الإنسانية حيث أهملت هذه المدرسة النواحي الإنسانية واقترحت نظاماً للحوافز والأجور حيث يؤدي ذلك إلى معاقبه البطيء ويغري العامل بإرهاق نفيه للحصول على أجر اكبر دون أن يهتم بالنواحي الصحية للعامل وفترات الراحة التي اقترحها تايلور كان الهدف منها استغلال قواه ونشاطه الى أقصى درجه ممكنه وليس ترفيه أو العناية بصحة العامل.

٣. اقتصارها على مستوى العمال في المصنع الصغير ولم يتم دراسة النواحي العامة للإدارة.

٤. التنظيم الوظيفي :حيث قسم تايلور الإعمال بين حشد من المدريرين يبلغ عددهم ثمانية واعطى لهم صلاحيلت واسعة لذلك أصبح العامل يخضع لثمانية رؤساء.

٥. نظرتها للتنظيم غير الرسمي : نظرت الادارة العلمية للصداقات والزمالات التي تنشأبين العمال في اثناء العمل وهو ما يسمى بالتنظيم غير الرسمي على أنه شر مكافحته ومحاربته والقضاء عليه لأنها اعتقدت أن العمال انما يسخرون هذا التنظيم لمحاربة الإدارة ومناوأتها.

ويرى تايلور أن الإدارة العلمية في جوهرها تشمل على ثورة فكرية شاملة لها جانبين

أ. **الجانب العمالي** : يتعلق بالعمال وعلاقاتهم بزملائهم وبالادارة.

ب. **الجانب الإداري** :ويتعلق بمن يعملون في مجال الادارة وواجباتهم وعلاقاتهم بزملائهم الاداريين والعمال.

وقد طبق تايلور الاسلوب العلمي في الادارة العلمية لحل مشكلتين هما :

١. مشكلة زيادة كفاءة الانتاجية

٢. مشكلة تعظيم كفاءة الادارة.

معتبراً أن هاتين المشكلتين هما سبب نجاح أو فشل منظمات الاعمال وأن في حل مشكله تعظيم كفاءة الادارة الطريق لحل مشكلة زيادة الانتاجية حيث أن حل مشكلة تعظيم كفاءة الادارة يمكن في تطبيق المبادى الاربعة التالية :

١. تنمية علم حقيقي للادارة من خلال تجميع وتحليل وتصنيف المعلومات المتوفره في مجال الادارة لتكون مرجعاً للاداريين يسترسلون بها.

٢. الاختبلر العلمي للافراد على اسس موضوعيه دقيقة تعتمدعلى الكفاءة والتخصص.

٣. تنمية وتدريب الافراد على اسس علمية تتفق وطبيعة العمل المؤكل اليهم.

٤. تنظيم الدارة وتقسيم العمل فيها بطريقة تمكنها من القيلم بواجباتهم بشكل اكثر فاعليه.

البيروقراطية Bureaucracy

كلمة البيروقراطية مأخوذة من كلمة Bureau الفرنسية ومعناها مكتب وCracy ومعناها الحكم. فالبيروقراطية تعني حكم المكاتب وقد جاء بها العالم الألماني ماكس فيبر Max Weber الذي طور مفهوم البيروقراطية في وضعها المثالي بهدف توفير الحد الأعلى من الكفاءة.

البيروقراطية عرفها الشخص الذي ابتكر المصطلح وهو العالم الألماني "ماكس ويبر " MaxWeper عاش بين ١٨٦٤ -١٩٢٠ يقول ويبر إن البيروقراطية هي "تنظيم المكاتب الذي يتبع مبدأ الهيكلية المكاتبة، أي أن مكتب صغير "في السلطة والصلاحية " يتبع مكتب أعلى منه والمكتب الأعلى منه يتبع مكتبا أعلى آخر.البيروقراطية هي مكاتب التي تستخدمها مؤسسات الدولة وتيسير الشؤون العامة و"المكاتب "مملوءة بالموظفين الذين يتوقع منهم ممارسات دورهم ومسوؤلياتهم.

يقول ويبر أن البيروقراطية ما هي إلا حالة خاصة من عملية "العقلنة" التي اكتسحت نهاية القرن التاسع عشر ومطلع القرن العشرين إذ أن "عقلنة "البيئة الطبيعية والبيئة الاجتماعية أمر ضروري لتمكين الإنسان من السيطرة الفعلية على الطبيعة والمجتمع.فالبيروقراطية استبدلت أنواع التنظيم القديمة، وأصبحت "أعلى " شكل تنظيمي يسير حياة الناس. البيروقراطية، حسب نظر ويبر، هي المملكة التكنولوجية للمجتمع الذي انتقل مرحلة تاريخية مختلفة مع عصر التصنيع.كما عبر ويبر عن البيروقراطية بالقفص الحديدي الذي يكبر مع تطور المجتمع الحديث وقد يصل الأمر لدرجة لا يتحملها الإنسان.

لذلك فإن الأشخاص المسيطرين على "المكاتب "يحصلون على سلطات واسعة التي قد يستخدمونها لمصالحهم الشخصية أو لتعطيل أو تأخير مصالح الناس.

البيروقراطية إذا، هو التنظيم الاجتماعي الساعي لتحقيق هدفة بصورة عقلانية ((Goal-Oriented Organization)وهذا التنظيم يتبع الهيكلية في تدفق المعلومات والقرارات.

وهذا التنظيم يخضع لمقاييس ونظم لتوزيع المسوؤليات بصورة هيكلية واضحة المعالم والأهداف.الأشخاص العاملين في المكاتب لا يملكون الوسائل المكتبية، فهم لا يملكون الأجهزة أو المعدات أو الأثاث المكتبي.إنهم موظفون متخصصون في تخليص الأوراق، ويحصلون على معاشاتهم الحياتية مقابل ذلك، ولا توجد هناك "عاطفة " في البيروقراطية، لأنها "ماكنة " تنظيمية. البيروقراطية هي مرآة للتنظيم الصناعي الذي يدير

الأعمال على أساس تقسيم العمل Division of Labour "الذي تحدث عنه ادم سميث في القرن الثامن عشر بالدولة القومية تقوم على المؤسسة الضخمة للبيروقراطية.إذ أن الدولة لا يمكن أن تسير أمورها بدون البيروقراطية وعندما استعمرت بريطانيا الهند أنشأت مؤسسة بيروقراطية ربطت بين مناطق الهند ومكنت المستعمرين البريطانيين " British Raj" من السيطرة على الأراضي الواسعة والأعداد المليونية للشعوب الهندية. وعندما تحررت الهند من الاستعمار استطاع حكام الهند من السيطرة على الأوضاع من خلال الاستفادة الحسنى من تلك البيروقراطية التي أنشأها البريطانيون.

البيروقراطيون تتحول مع الأيام إلى روتين قاتل للهمم والدافعية، ويمكن أن يتحول إلى عائق وعامل للفساد الإداري.ولهذا فان البيروقراطية قد تأخذ معنا غير حسن عندما يصف بعظم "أن هذه المؤسسة البيروقراطية "، بمعنى أن هذه الشركة خاضعة لترتيب إداري متعب وتسبب في تعطيل أو تأخير الأعمال.

البيروقراطية تعتمد على الهيكلية الصارمة في المسؤولية في تدفق المعلومات والقرارات. ومع ثورة المعلومات والكمبيوتر الحالية فأن البيروقراطية تتعرض لهزات كبيرة تتحدى الأسس التي قامت عليها ومن اجلها وفي الدرس السابق تطرق الحديث لأنواع الحكومات، وان هناك أحد الأنواع يسمى حكومة الخبراء"meritocracy" غير أن حكومة الخبراء والفاهمين المحببة لأنها تؤدي إلى سيطرة الطبقة الأرستقراطية على الحكم. لهذا فان هذا النوع من الحكومة قد يقبل به في الشركات وبعض الأنواع من المؤسسات الاجتماعية ما دامت الحكومة الوطنية المسيطرة هي حكومة منتخبة. غير أن البيروقراطية ممكن أن ينظر إليها أنها الترجمة الحديثة"الخبراء"، فالبيروقراطية الباقية وأشخاصها موظفون مدى الحياة وحتى في الحكومات المنتخبة فان هناك جدول حول استطاعته"الوزير" المنتخب أو عدم استطاعته لسيطرة على جهاز البيروقراطية.

مبادىء البيروقراطية الجيدة:

١. **مبـدأ التوجـه السـياسي:**وهـذا يعنـي أن النشـاط الإداري يخضـع لتعريـف المجـال والصـلاحية المسـتمدة مـن الشـخص الـذي يمتلـك التمثيـل السـياسي المناسـب. فالبيروقراطيــة يجــب أن تخضــع لســياسي الصــالح والقــادر عــلى توجيــه سياسي.والبيروقراطية هي التي تحرك المجتمع باتجاه معين بحسب توجيهه السياسي.

٢. **مبدأ المسؤولية العامة:** البيروقراطية مسؤولية أمام حكم القانون الدستوري ولابـد أن تخضع للمحاسبة السياسية" الممثلـة للشـعب/عـلى الجمهـور"، كـما ورد في المسـؤولية والمحاسبة.والمحاسبة تهدف لتأكد من أن البيروقراطية لا تخدم نفسها وليست فاسـدة ولا تعطل شؤون الناس.

٣. **مبدأ الضرورة:** الإدارة العامة أمر لابد منه لتوجيه المجتمع باتجاه معين.الإدارة تحتـاج لوسائل معينة لممارسة عملها.وهذه الوسائل يجـب أن تخضـع لمبـدأ"لضرـورة".بمعنـى يلزم أن يثبت أن الأمور لا تسير إلا بالاعتماد عـلى هـذا الأسـلوب.فالأسـاس هـو عـدم وجود مضايقات وعدم وجود تعطيل وان أي شي يتخذ يتم التأكيـد انـه أسـهل الأمـور والتعقيد لا يتصاعد إلا مع "الضرورة "الداعية لها.

٤. **مبدأ الفعالية:** بمعنى أن البيروقراطية تكون أكثر فاعلية في تيسير الشؤون مما لـو تـرك الأمر دون وجود الإدارة.فـالإدارة تحتـاج امكانـات وهـذه الامكانـات لهـا تكلفـه، وإذا كانت هذه التكلفة لا تأتي بمردود حسن فان البيروقراطية تصبح مضرة للمجتمع.

٥. **مبدأ التنظيم:** فالبيروقراطية بحاجـة لتنظـيم الإمكانيـات الماديـة عـلى أسـاس تقسـيم العمل والنشاط بصورة متكاملة تحقق النتـائج المرجـوة.وهـذا يعنـي وجـود القنـوات لتنظيم سليم لتسيير البيروقراطي.

٦. **مبدأ العلاقات العامة:** فالمجتمع الـذي تسـيره البيروقراطيـة بحاجـة للشـفافية التعامل.وان على البيروقراطية أن تكون منفتحة على المجتمع ولديها الاستعداد لشرـح وتبرير ممارستها لكي تحصل على المسـاندة دون الحاجـة إلى القوة لقهر الناس علـى الطاعة.

٧. **مبدأ التطور الإداري والبحث العلمـي:** الإدارة العامـة عليهـا أن تطور إمكانياتهـا وأساليبها لمواكبة التطورات الاجتماعية والتكنولوجية بمـا يسـاعدها ويساعد المجتمـع الخاضع لها من التعامل مع المستجدات بروح تقديمه ومتطوعة.ومادون ذلك، أي عدم وجود ضوابط، فان البيروقراطية مـرض مـن أمـراض العصر- يتطلب الجهد المتواصـل لتخلص من تبعاته"ومع البقاء على المستوى الأدنى منه"لحاجـة لحياة العصريـة إليـه. ولهذا فان علم الادارة الحديث يعتبر العامل الناجح لمعالجة الظواهر السلبية للامراض البيروقراطية.

خصائص البيروقراطية المثالية:

١. **عدم التحيز:** إن جميع القوانين واللوائح يجب أن تنفذ بطريقة غير شخصية بناءاً علـى أن الهدف الأساسي للمنظمة هو خدمة المتعاملين.

٢. تطبيق مبدأ تقسيم الأعمال وتنميطها: يجب أن تقسم الأعمال بناءاً على اختصاصات أي وضع الشخص المناسب في المكان المناسب له

٣. **تدرج الوظائف في مسـتويات السـلطة:** حرصـت مـاكس عـلى أن تكون السـلطة في تحديد مسوؤلية العاملين واضحة ومفهومة لدى الجميـع لكي يـتم عمليـاً التعقيـد في اللوائح التي تم بموجبها تنفيذ الأعمال.

٤. **تنمية الأنشطة** الخاصـة بالعمـل(مواكبـة التكنولوجيا) قياسـاتها وإجراءاتها لتسـهيل عملية المراقبة وتقييم الأعمال لتحقيق مبدأ الأعمال.

٥. **تسخير المؤهلات والخبرات الوظيفية** والتقييد بها عند اختيار الموظف أو العامل والابتعاد عن أي مؤثرات خارجية.

٦. الاعتماد على توثيق وضبط المعاملات والرجوع اليها مستقبلاً عند الحاجة.

٧. وجود نظام خدمة لكل منشأة بيروقراطية :نظام خدمة كاردر وسلم ردات للعاملين يهدف هذا النظام إلى تشجيع العاملين على البقاء في الخدمة وعدم ترك المنشأة.

٨. تعريف بين ور الموظف الرسمي وعلاقته الشخصية: حيث يتم التمييز بين دوره كموظف ويقوم بواجبه وبين علاقاته الشخصية حيث لا توثر هذه العلاقات على تأديته لواجبه.

٩. السرية والالتزام بالقوانين والأنظمة والتعليمات حيث أن السرية من الأمور الهامة في العلاقة بين الرئيس والمرؤوس كي لا يساء تفسير أو استغلال العلاقة من قبل الآخرين وان الالتزام بالقوانين يعتبر حماية للعامل من رؤساءه.

١٠. مركزية السلطة في اتخاذ القرارات أو تعديلها حيث يجب أن تبقى في يد الإدارة العليا.

تقييم البيروقراطية:

الخطأ ليس في النظام البيروقراطي بل هو عائد إلى من يطبقون هذا النظام والأخطاء الناتجة عن تطبيق العلمي للنظام البيروقراطي ما يلي الوسائل تصبح غايات: تطبيق الوسائل بحذافيرها فتصبح الوسائل غاية لأنها تمتاز بالجمود والتطبيق الحرفي.

١. **الجمود وعدم المرونة:**التمسك بحرفية الأنظمة والتعليمات يجعل المنظمة غير قادرة على مواجهة الحالات الطارئة ومراعاتها الظروف الخاصة وهذا الجمود ينتج عن إحجام الموظفين عن استعمال اجتهاداتهم الشخصية في تطبيق القواعد والأنظمة:

٢. **الروتين:** هي التفصيلات الدقيقة الواجب إتباعها لتنفيذ العمل. ووصفت هذه التفصيلات :

أ- لضمان تنفيذ العمل.

ب- لضمان الموضوعية في التنفيذ.

٣. **المظاهر والرموز والشكليات:** يميل الموظفون إلى رفع مستوياتهم في أعين الجمهور عن طريق التمسك بالمظاهر الخارجية ومحاولة تحسينها.

٤. **مقاومة التغيير:** إن كثير من الموظفين يتشبثون بمراكزهم ورموزها ويقاومون أي محاولة للمساس بها أو إدخال أي تغيير عليها أو نقلهم منها وهذا التمسك يخلق الصراع بالمنظمة.

٥. **المرض البيروقراطي:**في الكثير من الأحيان يتطور الوضع إلى التطرف في التمسك بقواعد البيروقراطية والالتزام في تطبيقها نتيجة للاستمتاع بممارسة السيطرة والتحكم وهو ما يطلق عليه(البيروباثولجي) أي مرض المغالاة في البيروقراطية.

الانتقادات الموجهة للبيروقراطية:

١. الوسائل تصبح غايات.

٢. التستر بالقواعد والأنظمة:يقوم الموظفون بالإلقاء اللوم عند عدم الكفاية والفاعلية في الإنجاز العمل على القواعد والأنظمة والروتين.

٣. عدم التمييز بين الوظيفة والإنسان:البيروقراطية لا تهتم بالروح المعنوية للإفراد وتنظر إلى الموظف كألة بيولوجي ينفذ مما يملى عليه دونما إبداع من جانبه

٤. الاتصالات :تكون دائماً خط سيرها من أعلى إلى أسفل على شكل أوامر وتعليمات وهناك حالة وحيدة تكون فيها خط الاتصال أسفل إلى أعلى وعندما يرفع المرؤوس تقديره عن نتيجة عمله إلى رئيسه.

٥. الانفراد بالسلطة أي حصر السلطة وتنفيذ القرارات بمستويات عليا من التنظيم.

المدخل السلوكي أو المدرسة الكلاسيكية الحديثة:

The Behavioral Approach

بـدأت المدرسـة السـلوكية كـرد فعـل قـوي للافـتراض الـذي قامـت عليـه المدرسـة السلوكية والمتمثل في أن الطاقة الجسدية للفرد هي العامل الهام المـؤثر في إنتاجيتـه وكـان لها توجه أساسي هو زيادة الإنتاجية من خلال وضع افتراضات حـول العنصر- البشري مـن أهمها:

١. تدعيم مفهوم الرجل الاجتماعي، أي أن الإنسان يرغب في العمل في جو يسود العلاقـات الطيبة والشعور بالانتماء (التون مايو وزملائه)

٢. تدعيم مفهـوم الرجـل المحقـق لذاتـه ،أي إن الفـرد يكـون اكـثر إنتاجيـة عنـدما يشـعر بأهميتـه وعنـدما يتمتـع بالرقابـة الذاتيـة أي إن النـاس موجهـون ذاتيـا للوصـول الى الأهداف المطلوب تحقيقها ،وان اهتمامهم بتحقيق هذه الأهداف يرتبط إيجابيا بمدى اتساق وتكامل ومساهمة هذه الأهداف في تحقيق أهدافهم الشخصية.

٣. أن الفرد لا يسعى للعمـل لتحقبـق إشـباع حاجـات اقتصـادية فقـط ،بـل أن الحاجـات الإنسانية الأخرى لاتقل في أهميتها عن الحاجات الاقتصادية ،أو في بعـض الأحيـان قـد تحتل هذه الحاجات موقع متقـدم في سـلم الحاجـات الإنسـانية بالمقارنـة بالحاجـات الاقتصادية (ماسلو).

وتشتمل هذه المدرسة عدة نظريات من أهمها:

نظريـة ((X and Y لـمكريجور Macgregor في هـذه النظريـة عـرض مكريجـور تصوره لفروض النظرية الكلاسيكية والتي أطلق عليها (X) ثم عرض تصوره لفروض نظريـة العلاقات الإنسانية واسماها (Y) وذلك كما هو مبين في الجدول التالي:

نظرية (Y)

- حب الإنسان للعمل العادي.
- يسعى برغبة ودون إكراه للقيام بعمله نظرا للمكافأة التي يتوقعها الإنسان العادي لا يتهرب من المسؤولية.
- الإنسان طموح ويسعى الى تحقيق ذاته ورغباته .
- القدرة على امتلاك الإنسان والابتكار واتخاذ قرارات فيها مخاطرة.

نظرية(X)

- كراهية الإنسان للعمل العادي .
- الحاجة الى إجبار الفرد للقيام بالعمل،أما إذا ترك لوحده فلن يعمل.
- الإنسان بطبعة كسول وكل ما يريده فقط هو الأمن والاستقرار.
- يفتقر الإنسان الى المبادرة ويكره روح المخاطرة .

ثم توصل الى أن الفرد العامل اقرب في طبيعته وسلوكه الى افتراضات النظرية (Y) هذا من جانب الإيجابية للمدرسة السلوكية وتركيزها على العامل الإنساني والجماعي في المنظمة.وهى بذلك تعوض النقص الموجود في المدرسة الكلاسيكية التي ركزت أساسا على العمل دون الفرد نفسه.

حركة العلاقات الإنسانية Human Relationship Movement

وتمثل هذه المدرسة بدايات المدرسة السلوكية وجاءت كرد فعل للمدرسة الكلاسيكية التي ركزت كما عرفنا على الإنتاج وأغلقت إلى حد كبير جوانب العلاقات

ويعتبر التون مايو Elton -Mayo من الرواد الأوائل لهذه المدرسة.وقد قام مع آخرين بعدة تجارب سميت بتجارب هوثورون Howthorone وهو اسم المصنع الذي أجريت فيه التجارب واهم هذه التجارب:

- تجربة الإضاءة
- تجربة غرفة الكابلات

وقد توصل مايو بتجاربه هـذه إلى عـده نتـائج تتسـم بهـا مدرسـة العلاقـات الإنسـانية وأهميتها :-

- لا يتحدد حجم عمل الفرد بقوتة الجسمية فحسـب وإنمـا أيضـا بخلفيتـه الاجتماعيـة وإرادة الجماعة .
- للمكافأة والحوافز الغير مادية دور هام في تحفيز الأفراد وإحساسهم بالرضا.
- أهمية وضرورة تدريب الرؤساء على المعاملة الإنسانية للعاملين.
- أعطت أهمية للتنظيمات غير الرسمية (الشلل ،والجماعـات الغـير رسـمية) في تأثيرهـا على السلوك الفردي في المنظمة .
- أهمية المعنويات على الإنتاج.

واعتمدت المدرسة السلوكية أو المدرسة الكلاسيكية الحديثـة عـلى طـرق علميـة في دراساتها وأبحاثها وهي ما يلي:

١. طريقة التجارب : Experiments

وهى محاولة الوصول إلى نتائج عن اثر أحد أو بعض المتغيرات في أشياء معينة عن طريق التجربة.

ويتم اختيار مجموعتين:

أ- مجموعة التجربة :وهى مجموعة من الأفـراد نقـوم بإدخـال المتغـير المـراد دراسته عليها (ممثل حوافز مادية ومعنوية أو توفير الإثارة)

ب- مجموعة المراقبة : هي مجموعة مـن الأفـراد لا نقـوم بإدخـال أي متغـير عليها. بل نقوم بمراقبة الأثر الناجمة على المجموعة التجريبيـة بيـنما تبقـى مجموعة المراقبة بدون أي تغير ثم يتم مقارنة النتائج بين المجموعتين.

٢- **طريقة دراسة عينات الاستقصاء :** Sample Survey

وهى اختيار عينـة مـن المجتمـع المطلـوب دراسـته بشرط أن تكـون العينـة تمثـل المجتمع ككل للوصول إلى نتائج يمكن تعميمها على المجتمع.

٣- **طريقة دراسة الحالة:** Case study

هـي دراسـة حالـة معينـة دراسـة كاملـة وعميقـة وتفصيلية للوصـول إلى نتـائج وملاحظات خاصة بهذه الحالة وهناك عيب في هذه الطريقة وهو انه لا يمكن تعميمها على المجتمع لأنها تقتصر على شخص واحد فقط.

تقييم المدرسة السلوكية:

ساهمت المدرسة السلوكية في تطـوير الفكـر الإداري وذلك بتركيزهـا عـلى العامـل الإنساني والجماعي. كما إنها لم تركز على انتاج الشخص بـل عـلى سـلوكه الإنسـاني. وتقـدم لـلإدارة أسسـا للتعـرف عـلى المشـكلات التـي تواجههـا في تعاملهـا مـع الأفراد العامـلين وتساعدها على تفهم أسس السلوك الإنساني وسلوك الجماعات كـما تعـوض عـن نقـص في صحة افتراضات المدرسة الكلاسـيكية وافترضت إن الإنسان مخلـوق عـاطفي يتكـون مـن مجموعة من المشاعر والعواطف والانفعالات والأحاسيس التي يجب فهمها والعمـل عـلى إرضائها.

المـدارس الحديثة

المـدخل المعاصر   The Recent Approach

ويتألف من مجموعة متنوعة من المدارس التي نشأت مؤخرا.

١- مدرسة النظم : The systems school of management

اعتمدت في نشأتها على نظرية النظام العام.وان الفكرة الأساسية في نظرية النظم انه ومن اجل أن تفهم بشكل تام عمل أي كيان يجب أن تنظر إليه كنظام. ويعرف النظام على انه عبارة عن عدد من الأجزاء المترابطة والتي تعمل معا لغرض ما أو هو الكيان المنظم والمركب الذي يجمع ويربط بين الأشياء وأجزاء تؤلف في مجموعها تركيبا كليا موحدا.وتفترض هذه المدرسة أن المنظمة تتكون من مجموعة عناصر تتناول التأثير والتأثر فيما بينها وأيضا مع البيئة المحيطة ،ويتكون النظام من عدة عناصر أساسية هي:

١.**المدخلات**: جميع ما يدخل المنظمة من البيئة من موارد بشرية ومادية

٢.**العمليات أو الأنشطة التحويلية**: ويقصد بها مجموع النشاطات الإدارية والفنية والعقلية اللازمة للاستفادة من مدخلات النظام (المنظمة) وتحويلها إلى مخرجات (سلع أو خدمات) من اجل تقديمها إلى المجتمع.

٣. **المخرجات**: وتشمل جميع ما يخرج من المنظمة إلى البيئة الخارجية من إنتاج مادي ممثلا في سلع وخدمات مقابل ثمن نقدي أو غيره من أشكال التعويض الاجتماعي..

٤. **البيئة**: والمقصود بها البيئة الخارجية التي تتفاعل معها النظام والتي تلعب دورا أساسا في تحديد السلوك التنظيمي،كما تؤثر هذه البيئة في توفير المدخلات التي تستخدمها المنظمة.

٥. **التغذية الراجعة:** وهي مجموعه المعلومات التي ترد إلى المنظمة حول الآثار السلبية والإيجابية للمخرجات.

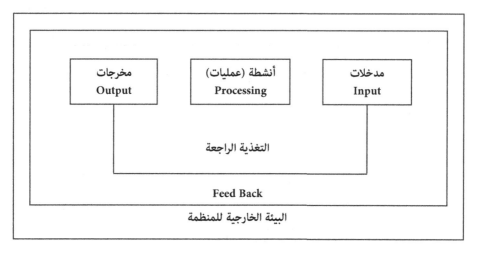

الإطار العام لمفهوم النظام

تقييم مدرسة النظم:

١. تتميـز مدرسـة النظم بكونهـا تـوفر إدارة تحليليـة فعالـة في دراسـة المنظمـة بشـكل متكامل.

٢. تهتم بدراسة الصورة الكلية للمنظمة بدلا من التركيز على دراسة بعض أجزائها.

٣. تكشف وتوضح العلاقات المتعددة والمتشابكة بين الأنظمة الفرعية أو أجزاء المنظمة.

٤. تعنى بعلاقات المنظمة مع البيئة المحيطة بها

٢-المدرسة الكمية (بحوث وإدارة العمليات): Management- Science school

كان بداية ظهور مدرسة علم الإدارة أو بحوث العمليات أو علم الإدارة إلى الحرب العالميـة الثانيـة، والتـي تناولـت بصـورة أساسـية تطبيـق الأسـاليب الكميـة علـى المشـاكل العسكرية والمشاكل المتعلقة بإصابة الأهداف الثابتة المتحركة وبالنقل والتوزيـع والتخـزين

وكانت الأبحاث الأولى تتعلق ببعض النواحي مثل زيادة دقة تصويب المدفعية، تطوير طرق البحث عن الغواصات، واستفادت إدارة الأعمال كثيراً من تطبيقاته كما أن المسؤولين في المشاريع يستعملون علم مثل علم الفيزياء، الهندسة، الرياضيات، الإحصاء، الإقتصاد.....الذين استعملوا أسلوب حل المشكلات ممن لديهم أفضل الخيارات في استعمال الأسلوب العلمي وهذا الأسلوب العلمي يتطلب من العلماء:

١. ملاحظة منظمة النظام، موضوع البحث.

٢. استعمال هذه الملاحظات المحددة لتركيب إطار عام.

٣. استعمال النموذج للاستدلال بكيفية سلوك النظام في ظل ظروف لم يكن قدتم ملاحظتها.

٤. اختبار النموذج بتجربته على النظام الفعلي لمشاهدة ما إذا كانت التغييرات التي تم التنبؤ بها تقوم باستعمال النظام الفعلي الذي تم التوصل إليه عندما حصلت التغييرات

وهذه المدرسة تحاول تقديم نماذج موضوعية ومعيارية يمكن أن يسترشد بها في اتخاذ القرارات مما يحد من عملية التقدير ولحكم الشخصي ويشمل على فروع أساسية هي:

***علم الإدارة:**والذي يقدم أساليب ونماذج رياضية يمكن استخدامها لرفع كفاءة اتخاذ القرارات

***بحوث العمليات:**وتهتم أساسا بكيفية تطبيق الأساليب والنماذج في المجالات الإدارية.

***نظم المعلومات:**تهتم بتوفير قاعدة بيانات تساعد في توفير معلومات دقيقة وسريعة بتكلفة ملائمة.

تقييم المدرسة الكمية أو بحوث العمليات أو علم الإدارة:-

١. أنة لا يمكن لأي مهتم بأي أسلوب علمي أن يغفل الفوائد الكبيرة التي تنتج عن التحليل الكمي الذي تقدمه هذه المدرسة.

٢. أن هذا التحليل يجعلنا نعرف المشاكل أولا ثم يسمح لنا باستخدام رموز للكميات الغير معروفة.

٣. تقدم إدارة قوية ومنطقية لتبسيط وحل المشكلات المعقدة في مجالات كثيره مثل المخزون.

٤. لعبت دورا مهما في تطوير الفكر الإداري بتشجيع الأفراد لمواجهة حل المشكلات بطريقة علمية منظمة.

٥. أوضحت مدى الحاجة إلى تحديد الهدف وبالتالي قياس الأداء.

المأخذ على هذه المدرسة:

أنها فشلت في رؤية الصورة الكاملة للإدارة والإنسان.

٣-المدرسة الموقفية (الظرفية) في الإدارة :-

The contingency theory of management

وتركز على أن ما يفعله المديرون عمليا إنما يعتمد على مجموعة من الحوادث أو الحالات، وتحاول أن تحدد الظروف أو المواقف التي يكون للأساليب الإدارية المختلفة فيها الفرصة الأفضل للنجاح وتقوم هذه المدرسة على افتراض أنه من المحتمل ألا يوجد طريقة مثلى واحدة لحل المشكلات الإدارية في جميع المنظمات.

التحديات الرئيسية التي تواجه استخدام هذه المدرسة هي:

١. إدراك أو فهم ظروف المنظمة الحقيقية.

٢. اختيار الأساليب الإدارية الأكثر ملاءمة لهذه الظروف أو المواقف.

٣. الكفاءة في تنفيذ هذه الأساليب.

وتشير المدرسة الموقفية إلى أن فعالية المدير تتحد بقدرته على تحقيق التوفيق الأمثل بين متطلبات الموقف وطبيعة المشاكل المطلوب اتحاد قرار بشأنها، فهو لا يسعى في كل الأحوال إلى الحول المثلى ولكنه قد يقنع بحلول فرضية تحقق التوازن بين مختلف الأطراف.

تقييم المدرسة الموقفية :

١. لم تأتي لتوحيد المدارس وإنما جاءت لكيفية تكييف المدارس أو توصيل الأفكار للتعامل مع المواقف السائدة :

٢. تتعامل مع الإدارات ككل بالتكيف ولا تتعامل معهم بالتحديد.

الإدارة بالأهداف والنتائج :

تعتبر من أكثر الأساليب مشاركة في السنوات الأخير التي تعتبر من أساليب الحفز وأسلوب من أساليب تقييم الأداء ويمكن وصفه بأنه فلسفه إدارية ترمي إلى زيادة الأهداف والحفز الداخلي للأفراد من خلال اشتراك المرؤوسين مع الرؤساء في:

١. تحديد الأهداف.

٢. زيادة رقابة المرؤوس في عملة.

٣. زيادة مشاركة المرؤوس في اتخاذ القرارات

ويعتمد تطبيق الإدارة بالأهداف على ما يلي:

١. القدرة على تحديد الأهداف.

٢. كفاءة وعدالة الإدارة العليا في تحديد الأهداف.

٣. ملائمة الظروف والحالات التي تمر بها المنظمة.

٤. الثقة والتعاون والتنسيق بين الأطراف المعنية بنتائج الأهداف.

٥. وضع نظام حوافز ومتابعة مناسبين.

٦. وضع نظام تعيين وتدريب مناسبين

٧. وضع اتصال فعال.

فوائد الإدارة بالأهداف:

١. تنمية القدرات التخطيطية لدى الرؤساء والمرؤوسين وإدراك أهمية الأهداف.

٢. التعرف على المشكلات العملية القائمة و المحتملة.

٣. تقوية الروابط والتعاون والتنسيق بين الرؤساء والمرؤوسين.

٤. تساعد الإدارة العليا على تقييم العاملين بشكل أكثر دقة وواقعية.

٥. الاستفادة القصوى من كافة الإمكانيات المتاحة.

٦. القضاء على أترهل والتسيب الإداري.

٧. زيادة الإنتاجية.

المأخذ والصعوبات التي تواجه نهج الإدارة بالأهداف:

١. عدم رغبة العديد من المدراء في تطبيق هـذا الأسـلوب لاعتبـاره غـير عمـلي يـدفع إلى الملل وإضاعة الوقت والجهد.

٢. أنه يكشف أهداف وخطط المنظمة العملية ليس للعاملين فقط بـل يتجاوز ذلـك إلى المتعاملين والمنافسين.

٣. صعوبة التوفيق بشكل مرضي بين مختلف الأهداف التي ترتكز علية أهداف المنظمة.

٤. مدخلات هذا النهج الإداري متنوعة ومتعددة والقدرة على السيطرة عليها محدودة.

٥. الإدارة بالأهداف تحاسب العاملين على تعهدات المستقبل وليس على الإنجاز الفعلي.

الإدارة اليابانية:

القاعدة التي يقوم عليها نمط الإدارة اليابانية أن مشاركة العـاملين في الإدارة هـي الأساس في الارتقاء بمستوى الإنتاج.

خصائص الإدارة اليابانية:

١. **الثقة:** الإنتاجية والثقة توأمان لا يفترقان في الإدارة اليابانية والميـزة الرئيسـية للأعمال اليابانية هي إتباعها النظام الإداري الذي يؤكد أهمية المحافظة على جو الثقة المتبادلة بين العاملين في المنظمات وينبغي أن يعمل الجميع بروح الفريق وبأعلى مسـتوى مـن الالتزام والإخلاص والإنتاجية.

٢. **توظيف العاملين مدى الحياة:** أن الحصول على الوظيفة الدائمة مـدى الحيـاة في اليابـان هي نتيجة لتوفر بنية اجتماعية واقتصادية فريدة مـن نوعهـا وتبعـا لنظـام التوظيـف مدى الحياة عند اليابان يستمر العمل في المنظمة من تاريخ التحاق العامل بهـا إلى أن يتقاعد.

٣. **التقويم والترقية:** يتم تقييم العاملين الجدد من قبل عدة مشرفين ويتم في هذه المرحلة تقييمهم من أجل تحديد إمكانية تطورهم في العمل مستقبلا. ويبقى العامـل يتقاضى نفس راتبه لمدة (١٠) سنوات متساويا في ذلك مع العاملين الجدد ثـم يـتم بعـد ذلـك تقييمه بشكل رسمي من قبل أحد المسئولين حيث يمكن ترقيته إلى وظيفة أعلى.

٤. **الاهتمام بالعنصر البشري:** تشجع على تكوين علاقات الدعم الاجتماعي للعاملين وتتيح لهم الفرص للتنفيس الانفعالي وتبادل الأدوار.

٥. **الاهتمام القوي بالقيم الجماعية الموحدة** وبشكل خاص الشـعور الجماعـي بالمسؤولية ويدفع الناس للعمل المشترك ويشجع الواحد الآخر على بذل أفضل الجهد للوصول إلى أفضل النتائج.

٦. **صنع القرارات:**يتم صنع القرار بإتباع أسلوب المشاركة وهي مشاركة جميع العـاملين في صنع القرار وتكون مهمة المدير الياباني تسـهيل مهمـة الآخـرين في المبـادأة والابتكـار وخلق المناخ الملائم لمرؤوسيه لتشجيعهم على العمل معا لمصلحة المنظمة.

٧. **تطوير الحياة الوظيفية للعاملين:**تقوم بتخطيط المسار الوظيفي للعـاملين وتعمـل عـلى تطوير مهاراتهم المهنية وتنمي لديهم إحساسا قويا بالمسؤولية تجاه منظماتهم.

٨. **الرقة والتهذيب** والمهارات التي تتميز بها العلاقات التنظيمية داخل المنظمة اليابانية.

٩. **حلقات الجودة:** وهي جماعات صغيرة من العاملين تجتمع بانتظام بعد ساعات العمـل اليومي لتحدد وتحلل وتقترح حلولا خلاقة لمشاكل فنية وإدارية في مجال عملها.

الوحدة الثالثة

التخطيط واتخاذ

القرارات الإدارية

التخطيط

مقدمة

أصبح التخطيط العلمي سمة من سمات العصر الحديث في مختلف بلدان العالم وعلى مستوى جميع القطاعات داخل الدولة، ومن ثم أصبح لزاماً على كل قطاع أن يحدد أهدافه طويلة الأجل وبرامجه القصيرة، وأن يضع الخطة متكاملة من أجل تنفيذها على خطوات مدروسة لتحقيق الأهداف، على أن يتم متابعة تنفيذ الخطة دورياً للتمكن من حل مشكلات التنفيذ في الوقت المناسب.

تعريف التخطيط

حيث أنه لا يوجد تعريف جامع ومانع للتخطيط فالأمر متوقف أولاً على الهدف والمكان والزمان ثانياً.

وهناك من يعرف التخطيط على أنه (سلوك أو منهج يهدف إلى دراسة جميع الموارد والإمكانيات المتاحة في المنطقة أو الأقليم أو الدولة ومن ثم استخدامها أستخداماً يتماشى واحتياجات وتطلعات المجتمع).

كما أن هناك تعريف آخر يقول أن (التخطيط هو عبارة عن أختيار أحسن البدائل المتاحة لتحقيق أهداف محددة ومتفق عليها).

وكذلك هناك من يعرف التخطيط على (أنه تحديد أهداف معينة من خلال وضع الأساليب والتنظيمات والأجراءات الكفيلة بتحقيق هذه الأهداف بأقل تكلفة).

والتخطيط بذلك يعني التفكير والتدبير والتأمل العلمي في الأمور ثم التبصر قبل اتخاذ القرار، لذلك فإن توفر جهاز متفرغ لأعمال التخطيط يعتبر من الضروريات التي تفرضها طبيعة العملية التخطيطية ذاتها.

وتعتبر الدراسات الإستراتيجية سواء على مستوى القيادة السياسية وهو ما يعرف "بالتخطيط

القومي" أو على مستوى القيادة السياسية العسكرية وهو ما يعرف "بالتخطيط السياسي العسكري"، أو على مستوى الوزارات المعنية وهو ما يعرف "بالتخطيط التخصصي".

فوزارة الدفاع مثلاً تقرر "التخطيط الاستراتيجي العسكري"، ووزارة الاقتصاد تقرر "التخطيط الاستراتيجي الاقتصادي"... وهكذا... وكلها أمور تهتم بها القيادات والأجهزة بالدولة كافة سواء منها السياسية أو الاقتصادية أو العسكرية.

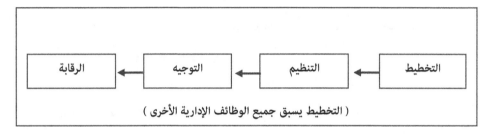

(التخطيط يسبق جميع الوظائف الإدارية الأخرى)

وتعرفه دائرة المعارف البريطانية بأنه:

"التحديد للأهداف المرجوة على ضوء الإمكانيات المتيسرة الحالية والمستقبلية، وأساليب وخيارات تحقيق هذه الأهداف".

وعلى ذلك يمكن أن نقول أنه:"دراسة متكاملة علمية ودقيقة لمشكلة ما بغرض تحديد حدودها وأبعادها والبحث عن حلول لها، مع إعداد وتنفيذ مخطط مؤقت ومحدد ومتناسق لحلها، يتضمن التنبؤ بالأهداف المرتقبة وتحقيق أفضل الحلول المناسبة لها".

وطبقاً لهذه المفاهيم فإنه لا يمكن مواجهة مشاكل المستقبل إلاّ بوضع تخطيط معين لتنفيذ هذا التخطيط. والتخطيط هو عمل ذهني يتعلق باستقراء المستقبل والأحداث التي يمكن أن يخبئها مع الإشارة إلى أن هذا الاستقراء للمستقبل يجب أن ينصب على معرفة واكتشاف الجوانب الإيجابية في المستقبل والتي تشكل الخطوات التي يجب انجازها مستقبلاً لتكون محطات متتالية وموضوعة بدقة وبأسلوب علمي لضمان الحصول في نهاية المطاف على نتائج إيجابية تعكس أهداف المشروع في الاستمرار والتطور.

أهمية التخطيط:

١. يساعدك على تحديد الاتجاه لأنه مبني على أهداف سبق لك أن حددتها، فالأهداف الواضحة المتناغمة تقود إلى اتجاه، والتخطيط يزيد الاتجاه وضوحاً.

٢. تحديد الأهداف وطرق تحقيقها.

٣. يعمل على زيادة الكفاءة والفاعلية.

٤. ضمان وجود الرقابة والمتابعة المستمرة.

٥. تحديد الوقت والتكلفة لكل عملية.

٦. تطوير قاعدة البيئة التنظيمية حسب الأعمال التي يجب أن تنجز (الهيكل التنظيمي).

٧. تحديد المستويات القياسية في كل مرحلة وبالتالي يمكن قياس مدى تحقيقنا للأهداف مما يمكننا من إجراء التعديلات اللازمة في الوقت المناسب.

٨. التخطيط يكشف لك الحقائق ويوضح لك الأمور فوجود برنامج زمني وأولويات مرتبة وخطوات محددة بتواريخ معينة يكشف لك كامل الحقائق عن أهدافك.

٩. التخطيط يجعلك مستعداً للخطوات القادمة.

١٠. التخطيط يجعلك تتخذ قرارات أفضل.

الأسباب التي تجعلنا لا نخطط:

١. الجهل بالتخطيط وعدم معرفة أهميته في الحياة فتجد بعض القرارات مبنية على إحساس فطري بتلبية حاجات إنسانية معينة يقول العالم المفكر "ماسلو" أن حياة الإنسان مبنية على الاستجابة لمجموعة من الحاجات وهي في الأهمية والترتيب كالتالي:

● الحاجات الفسيولوجية عام –جنس- نوم.

● الحاجة إلى الأمن.

- الحاجة إلى الحب والانتماء.

- الحاجة إلى الاحترام والتقدير.

- الحاجة إلى التعبير الكامل عن الذات.

ولا شكَّ أن التخطيط جزء من الحاجات المقدمة في أعلى الهرم.

٢. عدم معرفة كيفية التخطيط، أو عدم توفر المهارات اللازمة لعمل ذلك.

٣. من الأسباب، عدم القناعة بالتخطيط والشعور بأنه مضيعة للوقت وأنه عديم الفائدة وقيود تضعها على نفسك، ومشكلة هؤلاء عدم نظرتهم المتوازنة للتخطيط، فهم إما يدخلون التخطيط بحماس مفرط أو بفتور مميت، عندما تضع الأهداف الكثيرة وتريد إنجازها في وقت قصير ثم تجد نفسك غير قادر على تحقيقها فيعود ذلك إلى الإحباط، أما الفتور فإنه يضع أهداف جيدة ولا يتابع.

٤. عدم توفر الطموح والدافعية وعدم التطلع الحثيث للأفضل والقناعة بالوضع الحالي أو الحالة الراهنة،. ومن يتهيب صعود الجبال، فهو دأب الشخصية الطموحة الفاعلة التي لا تقبل إلاّ بالأفضل.

٥. الشعور بالضياع فهناك الملايين من البشر يعيشون في هذه الحياة بلا أهداف واضحة وليس لهم اتجاه يضبط إيقاع تصرفاتهم، فتجدهم يدورون في حلقات مفرغة ويقعون ضحايا للأهواء والمصالح الآنية وغبش الرؤية.

٦. الخوف من المجهول والركون إلى المعلوم، فعملية التخطيط تحتاج إلى التخيل والتصور واستشراف المستقبل وصورته وما يجب أن يكون، والحقيقة أن التخطيط لا يخلو من عنصر المخاطرة، ولكن ليس هناك بديلاً عنه ذلك أن النجاح مرتبط بالخطوة التالية إلى الأمام.

مراحل عملية التخطيط

بعد إيمان الدولة بعناصرها الثلاث: السلطة، السكان، المكان، سوف يبدأ مشوار التخطيط لذلك تعود دراسة مراحل العملية التخطيطية الجزء الأهم في العملية التخطيطية حيث تتعلق بـ :

١. التحضير

٢. التنفيذ

٣. المتابعة

وتمر عملية التخطيط في عدد من المراحل المتسلسلة والمترابطة منها :-

١. **مرحلة إعداد الخطة :-**

تبدأ مرحلة إعداد الخطة بدراسة وتحليل الوضع الراهن والتنبؤ بما يمكن أن يكون عليه المستقبل وتحديد ماذا تريد أن تغير أو تطور.

وتتطلب هذه المرحلة درجة من الدقة حتى يتم إعداد خطة مقبولة من جميع الأطراف وقابلة للتنفيذ.

- وتشمل هذه المرحلة عدد من الإجراءات ومنها:-

١. دراسات تقييم الوضع الراهن ودراسات الجدوى الإقتصادية .

٢. جمع البيانات والمعلومات اللازمة لعملية التخطيط.

٣. ابعاد الخطة لتحديد الخطوط العامة لعملية التخطيط.

٤. تحديد أولويات عمليات التخطيط.

٢.   مرحلة تنفيذ الخطة :-

تأتي هذه المرحلة بعد اقرار الخطة وتقوم الجهـات الرسـمية في الأقلـيم أو المركـز في القطاع الخاص بتنفيذ الخطة كل حسب المسؤولية والواجبات الملقاة عـلى عاتقه (ترجمـة الخطة لأرض الواقع) .

لا بد من وجود تنسيق بـين القطـاعين الخـاص والعـام أثنـاء تنفيـذ الخطـة لضمان الأهداف المنشودة.

- وتشمل مرحلة تنفيذ الخطة عدد من الإجراءات منها:-

١.   تحديد الأطراف المعنية لعملية التنفيذ كل حسب اختصاصه في الخطة.

٢.   تحديد الإجراءات الواردة في الخطة.

٣.   أن تكون الوسائل اللازمة لتنفيذ الخطة متكافئة مع الأهداف المطلوب تحقيقها.

٤.   أن تمتلك سـلطة التخطيط المركزيـة القـدرة الكافيـة مـن أجل التـأثير في نشـاط الجهات المعنية.

مرحلة متابعة وتقييم الخطة :-

هي مرحلة لا غنى عنها ويقصد بالمتابعة هو الإشراف على التنفيذ ومـا يشـمله مـن إجراءات وتعليمات وضوابط للتأكد من مدى سلامة عمليـة تنفيـذ البـرامج وفقـاً للخطط المرسومة.

ومن خلال المتابعة يمكن الكشـف عـن مـواطن الخلل والمشـاكل وبعـد ذلـك يـتم معالجة هذا الخلل.

- أجهزة المتابعة والتقييم (الرقابة) :-

١. الرقابة الإدارية

٢. الرقابة المالية

٣. رقابة السلطة التشريعية

٤. رقابة الصحافة والفعاليات الإقتصادية والشعبية المختلفة.

مهام وأهداف عملية المتابعة والتقييم:-

١. كشف مواطن الخلل والانحرافات التي تحدث ونوعها وأسبابها.

٢. التأكد من أن عملية التنفيذ تجري كما هو مرسوم لها.

٣. التعرف على مدى واقعية الخطة من خلال مقارنة الانجازات بالأهداف المرسومة.

٤. تحديد الجهات المسؤولة عن مواطن الخلل والإنحرافات داخلية أم خارجية.

٥. تحديد المشاكل والصعوبات التي تواجه عملية التنفيذ.

فعالية التخطيط:-

أ- الاعتبارات السابقة

عندما تتم صيغة خطة العمل مسبقاً عن وعي وبصيرة ولتزام تصبح مؤهلة لأن تحدد مسار العمل كله طوال العام كما ينبغي أن تحد من ضرورة اللجوء إلى أسلوب "التخطيط من خلال أزمات" المضيع للوقت، والموارد البشرية والمالية والمتلف للسمعة. ولتحقيق النتائج المرجوّة، يجب أن تخضع الخطة للمتابعة وتقويم مدى تطابقها مع الغايات الكبرى مرة كل ثلاثة أشهر.

ب- التخطيط المركزي والتخطيط اللامركزية

يكون التخطيط إما مركزياً أو لا مركزياً ويتم التخطيط المركزي في هيئة هرمية الشكل، يحدد فيها المسؤول الأول الأهداف للهيئة التنفيذية، ويستعرض المعايير والنتائج المتوقعة، ويوفر المعلومات واحتياجات التدريب والإعداد، ويشرح الإجراءات المتبعة ويطور طرق العمل الراهنة، ويقوم على تنفيذ النظام، ليضمن قيم كل عضو بدوره في تنفيذ الخطة.

أمّا في التخطيط اللامركزية، فإن الرئيس وأعضاء الهيئة القيادية يتشاورون مع الأعضاء في مختلف مراحل التخطيط والتنفيذ، وتكون المعلومات والاستفادة منها في هذه

الحالة متاحة للجميع، كما يكون التدريب نوعاً من التعليم ويتم في مواقع العمـل ذاتهـا، ولا يطرد عضو من المنظمة لارتكابه خطأ ما، بل يتم تشجيعه للتعلم من أخطائه.

مواصفات الخطة الفعالة

١. التحديد في الخطط شرط أساسي لتحفيز الأعضاء على العمل والمشاركة.

٢. يجب أن يكون محور الخطة هو العمل، وينبغي الاعتدال بين عسر العمـل ويسره، ويجب صيغة الخطط بلغة سهلة الفهم على من يولون تنفيذها.

٣. يجب أن تكون الخطط مرنة، خاصة عند كثيرة العوامل التي يصعب التحكم فيها أو السيطرة عليها.

٤. يجب أن تتفق الخطط مع أهداف المجتمع والأمة بصفة عامة.

أنواع التخطيط

أولاً: التخطيط من حيث الفترة الزمنية: إذ أصبح أمر هذا النوع شائع الاستعمال ومفهوم الدلالة وغالباً ما يصنف في أنواع ثلاثة هي:

أ- تخطيط قصير المدى: ويتمثل في خطة سنوية تتضمن أهدافاً تفصيلية محددة وكثيرة على غرار الموازنة السنوية. ويغطي فترة زمنية أقل من سنة.

ب- تخطيط متوسط المدى: هو التخطيط الذي يغطي فترة زمنية ليست بطويلة وليست بقصيرة ويغطي في الغالب فترة تزيد عن سنة وتقل عن خمس سنوات ويتمثل في خطة خمسية كمثل شائع لهذا النوع من التخطيط.

ج- تخطيط طويل المدى: والخطة التي تمثل هذا النوع من العمل تتناول أهدافاً يصعب تحقيقها في فترة قصيرة من الزمن وتتطلب فترة زمنية أطول أي أكثر من خمس سنوات.

ثانياً: التخطيط من حيث القطاعات: فهناك التخطيط الاقتصادي، والتخطيط الاجتماعي، وأحياناً يذهب البعض إلى إطلاق أنواع من التخطيط متعددة لكل نشاط منفرد بالمجتمع، مثل تخطيط ثقافي، وتخطيط تربوي، وتخطيط المدن.

ثالثاً: التخطيط من حيث أسلوب العمل: إذ يمكن ذكر تصنيفات متعددة ضمن هذا المفهوم كالتخطيط المركزي والتخطيط اللامركزي والتخطيط التأشيري والتخطيط الألوامي.

رابعاً: التخطيط من حيث عمق تأثيره: وفي هذا المجال يمكن التمييز بين نوعين من التخطيط، تخطيط هيكلي وتخطيط وظيفي ويتحدد هذان النوعان من التخطيط بمدى عمق فعاليات وتأثير النشاط التخطيطي فقد يذهب هذا النشاط إلى حد تناول الهيكل الكلي للاقتصاد والتركيبة الاجتماعية أو قد يقف عند التعامل مع الوظائف الاقتصادية والاجتماعية.

خامساً: التخطيط التنموي من حيث نطاقه الجغرافي: ويتفق المفكرون على تقسيمه إلى ثلاث أنواع وهي:

أ- تخطيط محلي: يضم المجتمع المحلي المحدود ويطلق عليه في معظم بلدان العالم الثالث مصطلح التخطيط لتنمية المجتمع المحلي.

ب- تخطيط إقليمي: ويتم على نطاق قطاعات جغرافية من قطاعات الوطن أو مناطق إدارية حسب التقسيم الإداري كمحافظة أو ولاية أو إمارة.

ج- تخطيط قومي: ويتم على نطاق الوطن كله.

سادساً: التخطيط التنموي من حيث صفة الشمولية: وفي المجال المتعلق بالصفة الشمولية يمكن أن تفرق بين نوعين من التخطيط:

أ- التخطيط الجزئي أو القطاعي: وهو الأسلوب التقليدي في تخطيط بعض القطاعات والأنشطة الاقتصادية أو الاجتماعية دون سواها: كتخطيط قطاع الزراعة أو التعليم وربما يقتصر الأمر الجزئي هذا على نشاط محدود جداً ضمن القطاع الواحد كتخطيط زراعة الحبوب أو قطن ضمن قطاع الزراعة.

ب- أما النوع الثاني من أنواع التخطيط التنموي: وهو التخطيط التنموي الشمولي: فهو على العكس من التخطيط الجزئي، يتعامل مع كافة القطاعات والفعاليات ويتناول البنية الهيكلية للاقتصاد مع التركيبة الاجتماعية وما يرتبط بهما من وظائف أي أنه يتعرض للبنية الهيكلية والوظيفية للأوضاع الاجتماعية والاقتصادية معاً.

من ايجابيات التخطيط التنموي الشامل منهجاً ومحتوى:

١. ينظر التخطيط التنموي الشمولي للمجتمع كنظام واحد بأجزاء ومكونات متكاملة ومن هنا فإن الأسلوب الصحيح للمعالجة يجب أن يتلائم والنسق الوظيفي.

٢. من غير الممكن النجاح في استئصال الصعوبات والأزمات والمشكلات بدونه.

٣. يساعد الأسلوب الشمولي على الوصول إلى فهم أفضل وأوضح لمختلف فعاليات وقطاعات وأجزاء المجتمع وللميكانيزية السائدة بينهما.

٤. يتحقق عن طرق الأسلوب الشمولي في التخطيط، استغلال أفضل للموارد المتاحة المادية منها والبشرية.

مراحل التخطيط العلمي:

يمر التخطيط العلمي بالمراحل الرئيسية الآتية:

١. مرحلة وضع وتحديد الأهداف:

ولها أهمية خاصة في عملية التخطيط، فهي تعتبر نقاط توجيه وإرشاد لجميع الجهود في الدولة التي يجب أن تسعى لتحقيق هذه الأهداف، وهي النهايات التي توجه إليها كل الاستراتيجيات والسياسات للوصول إليها داخل هذه الدولة، وتنقسم الأهداف إلى:

أهداف مباشرة.. وهي الأهداف التي يمكن تحقيقها بالإمكانيات والموارد المتيسرة حالياً، ولا تحتاج إلى أبحاث أو تكنولوجيا عالية المستوى، وغالباً ما تختص هذه الأهداف بخطة لعام قادم "الخطة السنوية للتنمية".

أهداف منتظرة "مرئية".. وهي أهداف يمكن تحقيقها في فترة تالية بإضافة إمكانيات وموارد جديدة، وتحتاج إلى بحوث إضافية وتكنولوجيا عالية، وغالباً ما تختص هذه الأهداف بخطة من ٣-٥ سنوات مقبلة "الخطة الخمسية للتنمية الاقتصادية والاجتماعية".

٢. مرحلة التنبؤ بالمناخ والبيئة المتوقع أن تتحقق الأهداف فيها:

وتنبع أهمية التنبؤ كعنصر أساسي من عناصر التخطيط، حيث أن التخطيط يتم للمستقبل، ويراعي وجوب العديد من المتغيرات، ومتى تؤثر هذه المتغيرات على الخطة/

الاستراتيجية، وبالتنبؤ الصحيح وباتباع الأساليب الفنية في هذا المجال "بحوث العمليات" فإنه يمكن تقليل عامل المخاطرة وعامل عدم التأكد، وبذلك يتم التخطيط على أقرب وضع محتمل ومنتظر لتحقيق هذه الأهداف.

٣. **مرحلة تقدير أفضل الطرق والوسائل التي يمكن بها تحقيق الأهداف المحددة:**

وتشمل هذه المرحلة وضع الفروض التخطيطية "الاستراتيجية"، وذلك باستطلاع نتائج التنبؤ المتحصل عليها، وإجراء الدراسات اللازمة والتقديرات التي تمكن من وضع أبعاد كلية للخطة "الاستراتيجية" المنتظرة. وعلى ضوء هذه الدراسات فإنه غالباً ما ينشأ عدد كبير من البدائل، ويتم تقييم هذه البدائل وذلك بمقارنة العائد من كل بديل واختيار البديل الأمثل الذي يحقق الأهداف المخططة.

وعلى ضوء اختيار البديل المناسب يتم التخطيط التفصيلي لتنفيذه "أي رسم استراتيجية التنفيذ"، وذلك في صورة خطة زمنية يحدد فيها الأعمال والأنشطة.. إلخ، ومن مكونات الخطة التفصيلية، على أن ينبثق منها خطط فرعية، يزداد فيها عمق التفصيل وزيادة ودقة التحديد إلى أن تصل في النهاية إلى جدول عمل "برنامج عمل" لكل فرد أو تخصص مشترك في الخطة، وربط ذلك بالتوقيت المحدد للتنفيذ في صورة خطة زمنية كاملة.

العوامل المؤثرة على التخطيط العلمي:

ويمكن إيجاز العوامل المؤثرة على التخطيط العلمي في الآتي:

١. صعوبة التنبؤ والحصول على معلومات دقيقة في المستقبل.

٢. التكلفة العالية نسبياً لتنفيذ عملية التنبؤ بالوسائل العلمية الحديثة.

٣. عدم الثقة لدى بعض صانعي القرار في إيقاع الوسائل العلمية في تحديد الأهداف والتنبؤ وإدارة العمل.

٤. ميل صانعي القرار إلى الاهتمام بالحاضر وتنفيذ الأعمال بصورة يومية عشوائية، مما يستنزف الكثير من الجهود ويضيع العديد من الفرص.

هذا وما سبق إنما ينصرف إلى التخطيط العلمي على مستوى الدولة، أما التخطيط على مستوى حياة الفرد، الذي حظي بالعديد من المؤلفات والاجتهادات فإنما تدخل إليه عوامل أخرى يتشابك فيها الاجتماعي والإنساني، مع المنهج العلمي، بحيث يصعب أن تقدر خطاً واحداً لمفهوم التخطيط في حياة الأفراد.

عناصر التخطيط

تستخدم المنظمات أنواعاً مختلفة من التخطيط وفقاً لأغراضها المختلفة.

ويمكن تصنيف التخطيط وفقاً لذلك على ضوء عدة معايير أهمها:

أ-   الدوافع:

التخطيط وظيفة من وظائف القيادة سواء فيما يتعلق بالمستقبل القريب أو البعيد، ويُعرف التخطيط بعيد المدى الهادف إلى دفع المنظمة نحو غايتها الأسمى بالتخطيط الاستراتيجي، بينما يعرف التخطيط قصير المدى الهادف إلى تحديد مسار أعمال محددة ذات نتائج قريبة، بالتخطيط التكتيكي أو التخطيط الحركي.

وترسم الخطط الاستراتيجية أولويات التنظيم وتوجهاته الأساسية، وهذه الخطط هي نتاج قرارات نظامية مستقرة، اتخذت بقدر كبير من المعرفة ودراسة نتائجها المستقبلية والإعداد والتمحيص، آخذة في الاعتبار العوامل والظروف الاجتماعية والسياسية والاقتصادية، أما الخطط التكتيكية فتختص بنشاطات أو مشاريع محددة لا يزيد مداها عن سنة واحدة بينما يمتد مدى عمل الخطط الاستراتيجية إلى ما يزيد عن خمس إلى عشر سنوات.

ب-   الوقت:

التخطيط مرتبط بالوقت ودالة فيه لأنه يترتب على قرارات التحرك الذي يـؤدي إلى نتائج محددة في المستقبل. ويمكن للمرء أن يخطط على مدى شهر أو سنة أو عقد كامـل من الزمن، إلاّ أنه كلما طالت مدة الخطة كان الجهد المطلوب للتخطيط أكبر، وتمثل خطة أي عمل سلسلة من النشاطات الواجب القيم بها لتحقيـق هـدف معـين، ويمكـن تصـنيف الخطط حسب الفترة الزمنية كما يلي:

١. خطط قصيرة الأجل.

٢. خطط متوسطة الأجل.

٣. خطط طويلة الأجل.

وينبغي تكامل الخطط القصيرة الأجل في إطار الخطط الطويلة الأجل، كما ينبغـي تقسيم الخطط الطويلة الأجل إلى عدد من الخطط القصيرة الأجل. ويعدّ التوفيق بين هذه الخطـط مـن العوامـل الضرورية لتحقيـق الفائـدة المثـلى مـن المـوارد البشرـية والمادية المخصصة لتنفيذ الخطط.

الخطط طويلة الأجل أو الاستراتيجية

على اللجنة التنفيذية عند وضع الخطط الاستراتيجية دراسة نوعين من الافتراضات:

أ- افتراضات تتعلق بالعوامل التي لا يمكن التحكم بها أو السيطرة عليها، مثل التوجهـات السكانية والقضايا السياسية، وما إلى ذلك.

ب- افتراضات تتعلق بالعوامل التي يمكن التحكم بها أو السيطرة عليها، مثل مخصصـات الميزانية وأولويات الدعوة، وما إلى ذلك.

ويتلخص أسلوب صياغة الخطط الاستراتيجية في تجميع المعلومـات التـي تشـكّل الخلفية العامة وتحليلها وتقويم العوامـل البيئيـة التـي لهـا علاقـة بأهـداف المنظمـة، ثم

استعراض موارد المنظمة ووضع البدائل الاستراتيجية وتحديد الخيار أو الخيارات الأساسية البديلة التي تحقق الأهداف المنشودة.

بمجرد الانتهاء من صياغة الخطط الاستراتيجية، يتجه العمل إلى وضع خطط متوسطة الأجل تغطي فترة عام أو عامين. ومن المهم هنا أن تنبثق الخطط المتوسطة الأجل انبثاقاً منطقياً من الخطط الطويلة الأجل. فالمنظمة التي تهدف إلى إنشاء مركز إسلامي مثلاً كخطة طويلة الأجل يمكن أن تضع خطة متوسطة الأجل، لجمع الأموال اللازمة لتأسيس المركز، وهي خطوة منطقية وضرورية في برنامج تنفيذ الخطة الطويلة الأجل.

الخطط في برنامج قصيرة الأجل أو الخطط التكتيكية

وتُهيئ الخطط التكتيكية أو قصيرة الأجل التوجيهات اللازمة لبرامج العمل من سنة إلى أخرى، كما ترسم المنهج التدريجي المطلوب اتباعه في التنفيذ. ويقدم التخطيط التكتيكي في دعمه التخطيط الاستراتيجي كافة التفاصيل والخطوات المستقبلية، فالمنظمة التي تسعى لتأسيس مركز إسلامي كخطة طويلة الأجل تصاحبها خطة متوسطة الأجل لجمع الأموال اللازمة، قد يضع خطة قصيرة الأجل لإعداد تصميم معماري للمركز وعمل ميزانية تقديرية، وتوفير الإمكانات المطلوبة لجمع الأموال.

كما يمكن تقسيم الخطط القصيرة الأجل بناءً على أهداف محددة جداً أو إلى مجموعة عاجلة تتراوح مدّتها في العادة ما بين يوم إلى ثلاثين يوماً. وعليه، يكون العمل الفوري المطلوب في المثال السابق هو إيجاد المهندس المعماري المناسب والاتصال به والاتفاق معه على تكاليف إعداد التصميم، كما ينبغي تكليف شخص بإعداد المطبوعات الخاصة بحملة جمع الأموال.

إذن، يمكن تصنيف التخطيط حسب الهدف منه أو اتساعه إلى ثلاث فئات مختلفة تسمى:

١- التخطيط الاستراتيجي: يحدد فيه الأهداف العامة للمنظمة.

٢- التخطيط التكتيكي: يهتم بالدرجة الأولى بتنفيذ الخطط الاستراتيجية على مستوى الإدارة الوسطى.

٣- التخطيط التنفيذي: يركز على تخطيط الاحتياجات لإنجاز المسؤوليات المحددة للمدراء أو الأقسام أو الإدارات.

ج- السلطة

التخطيط مظهر من مظاهر السلطة، وعلى المخطط أن يضع الخطط المنظمة كلها ولكل قسم من أقسامها على حدة مع تحقيق التنسيق الكامل بينها. وتتم مهمة التخطيط في المؤسسات الدعوية القائمة على العضوية الفردية بطريقتي:

الأولى: من القمة إلى القاعدة: إذ يحدد الفهم الجيد لرسالة المنظمة إطار أولويات التخطيط ويتم توصيل هذه المعلومات لجميع الوحدات للاستعانة بها على تحديد مسار العمل.

الثانية: من القاعدة إلى القمة: حيث يحدد الفهم الواضح لاحتياجات الأعضاء وأدوارهم أنواع النشاطات والمهام المناسبة على مستوى القاعدة وتتم بلورة ذلك في خطة ويوضح الشكل التالي مستويات السلطة فيما يتعلق بالتخطيط.

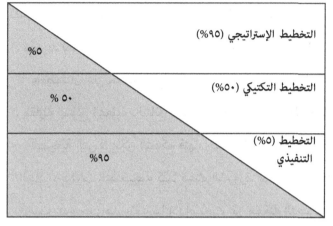

<table>
<tr><td>التخطيط الإستراتيجي (٩٥%)</td><td>الإدارة العليا</td></tr>
<tr><td>التخطيط التكتيكي (٥٠%)</td><td>الإدارة الوسطى</td></tr>
<tr><td>التخطيط (٥%) التنفيذي</td><td>الإدارة الدنيا</td></tr>
</table>

(مستويات السلطة فيما يتعلق بالتخطيط)

وهنا تختلف الأهمية النسبية بإتخاذ القرارات من حيث الإدارة العليا والإدارة الوسطى والإدارة الدنيا

الإدارة العليا: تحدد الأهداف العامة (تخطيط استراتيجي) بنسبة ٩٥% و ٥% تكون (تخطيط تنفيذي).

١. **الإدارة الوسطى:** تهتم بتنفيذ الخطط الاستراتيجية أي تكون بنسبة ٥٠% (تخطيط استراتيجي) ونسبة ٥٠% (تخطيط تنفيذي).

٢. **الإدارة الدنيا:** تهتم بتنفيذ الخطط الاستراتيجية بنسبة ٥% ونسبة ٩٥% (تخطيط تنفيذي).

تتم عملية الاتصال في إطار عملية التخطيط بعد إقرار خطة محددة نهائية، وذلك وفق الخطوات التالية:

١. حدّد بالضبط كل من ستكون له صلة قريبة أو بعيدة بالخطة، والاستفادة من المعلومات التي تم جمعها حول الجمهور المعني بالخطة.

٢. اختر ونفّذ أفضل الطرق لتبليغ المعنيين بالخطة.

٣. تأكد من فهم من له علاقة بالموضوع للخطة وقبوله لها مع السماح بشيء من المرونة في تنفيذ مهامهم المختلفة.

د-الضبط :

تضم هذه المرحلة من عملية التخطيط الخطوات التالية:

١. تحديد نقاط ومعالم على الطريق تعين على تقويم برامج العمل من حين لآخر والاطمئنان على سلامة سير العمل في الاتجاه المؤدي إلى الأهداف المنشودة.

٢. مقارنة النتائج الفعلية بالنتائج المتوقعة، مع التمييز بين الأخطاء المترتبة على العوامل الطبيعية التي لا يمكن التحكم فيها، وتلك الناتجة المعوّج للخطة.

٣.اتخاذ الإجراءات التصحيحية كلما دعت الضرورة، بما في ذلك إعادة تحديد الأهداف إذا ثبت عدم جدواها، وتغييرها إذا أصبحت غير ممكنة التحقيق، أو تغيير الخطة بكاملها إذا كانت هناك دواع لذلك.

التخطيط من خلال مبدأ "الإدارة بالأهداف"

نقدم فيما يلي ما يعرف بطريقة الإدارة بالأهداف وهي –بكل بساطة- تدور حول "من" سيقوم بـ "ماذا" و "كيف" و "متى" ويشتمل التخطيط بالأهداف على أربع خطوات أساسية هي: الاعداد والتجهيز، واتخاذ القرار، عملية الإتصال، ثم التحكم والضبط.

صعوبات التخطيط:-

حيث يمكن تصنيف صعوبات التخطيط إلى نوعين رئيسين وهما :-

أولاً : الصعوبات الناتجة عن الافرادي:

١. **قلة الالتزام بالتخطيط:-**

بالرغم من الاهتمام بالتخطيط إلا أنه لا يوجد التزام حقيقي به على جميع المستويات الإدارية (الإدارة العليا، الوسطى، الدنيا) ومعظم المديرين يهتمون بالمشاكل اليومية الروتينية ويتجاهلون الفرص المستقبلية التي يمكن استغلالها عن طريق التخطيط السليم.

٢. عدم التفريق بين دراسات التخطيط والخطط:

حيث أنه لا يمكن القول بأن هنالك خطة إلا إذا كان هنالك قرار من نوع مـا، وهناك دراسات تخطيطية ولكن لا تصل إلى مستوى الخطة الملزمة.

٣. الاعتماد الكبير على الخبرة:

الخبرة يمكن أن تكون عاملاً خطيراً لأن ما حدث في الماضي قد لا يتكرر في المستقبل حيـث أن معالجة المشكلة الحالية لا تتم بنفس الطريقة التي فيها المشكلة السابقة بسبب التغير التكنولوجي.

٤. مقاومة التغيير:

التخطيط قد يقترح أشياء جديدة وهذا قد يؤدي إلى تغيير بعض العلاقات القائمـة والمعروفة أن الأشخاص يقاومون التغير حفاظاً على العلاقات القديمة والنفوذ.

ثانياً: صعوبات في العملية نفسها (عملية التخطيط):-

١. صعوبة الحصول على معلومات دقيقة:

حالة عدم التأكد من ماذا سيحصل في المستقبل تجعـل الحصول عـلى المعلومـات الدقيقة صعبة لأن العوامل والظروف تتغير ومن الصعب التنبؤ بهذه التغيرات.

٢. مشكلة سرعة التغير:

أن سرعة التغير التي تحدث في الصناعة قد تربك الكثير من الشركات كما هو الحال في أجهزة الحاسوب والتطور السريع الذي يحدث لها.

٣. عدم المرونة:

عناصر البيئة الداخليـة قـد تـؤدي إلى بعـض المشـاكل فالموظفين يطورون نمـاذج سلوكية معينة داخل المنظمة يصعب تغييرها وكذلك السياسات والإجراءات التي تطبق في المنظمة قد يصعب تغييرها لأن الموظفين قد اعتادوا عليها.

٤.   الوقت والنفقة:

عامل الوقت مهم لأن القرار يجب اتخاذه في الوقت المناسب وفي بعض الأحوال يضطر المدير إلى اتخاذ قرار تحت ضغوط معينة ولو لم تتوفر له المعلومات لذلك.

الوحدة الرابعة

اتخاذ القرارات

الإدارية

مقدمة

تختلف الأهمية النسبية بالنسبة إلى اتخاذ القرارات من الإدارة العليا والإدارة الوسطى والإدارة الدنيا فالإدارة العليا تقوم باتخاذ القرارات الإدارية الاستراتيجية والتخطيطية وتستخدم الإدارة العليا المهارة الفكرية، أما الإدارة الوسطى فهي تقوم باتخاذ القرارات وذلك عن طريق المهارات الإنسانية أما الإدارة الدنيا تقوم باستخدام المهارة الفنية.

لذلك يمكن القول أن عملية اتخاذ القرارات في أية منظمة أيًّا كان نوعها إنما هي التي تحدد فعاليتها وكفاءتها ونجاحها.

تعريف عملية اتخاذ القرارات Defination

يمكن تعريف اتخاذ القرارات بأنه عمل فكري وموضوعي يسعى إلى اختيار البديل (الحل) الأنسب من بين بدائل متعددة ومتاحة أمام متخذ القرار، وذلك عن طريق المفاضلة بينهما، باستخدام معايير تخدم ذلك، وبما يتماشى مع الظروف الداخلية والخارجية التي تواجه متخذ القرار.

وبالتالي فالقرار واتخاذه ما هما في الواقع إلا انعكاس لسلوك سيقع مستقبلاً، ولنتائج متوقعة ستترتب على هذا السلوك.

وعليه يمكن القول أن اتخاذ القرار عمل مرادف لعمل المدير وللعملية الإدارية؛ لأن المدير عندما يخطط يحتاج إلى اتخاذ قرار، وكذلك عندما ينظم، ويوجه، ويراقب، وبالتالي لا نجد مديراً أيًّا كان تخصصه ومجال عمله، ومستواه الإداري، إلا ويتخذ قرارات متعددة ومتنوعة، ضمن نطاق السلطة الممنوحة له.

عناصر عملية اتخاذ القرارات الإدارية Elements

في ضوء التعريف السابق نجد أن عملية اتخاذ القرار الإداري، إنما تتكون من مجموعة من العناصر الأساسية التي تشكل في مجموعها مضمون هذه العملية، وفيما يلي هذه العناصر:

١- **متخذ القرار:** قد يكون فرداً أو جماعةً حسب الحالة، وأيًّا كان متخذ القرار، فلديه السلطة الرسمية الممنوحة له بموجب القانون (أو النظام الداخلي) أو المفوضة له من جهة رسمية تمتلك هذه السلطة، التي تعطيه الحق في اتخاذ القرار، وضمن الهيكل التنظيمي للمنظمة وعبر مستوياتها الإدارية هناك مراكز سلطة أو مراكز لاتخاذ القرارات، وهذا يعني أن الحق في اتخاذ القرارات ليس حكراً على مستوى إداري معين أو فرد معين، إلا في حالة واحدة وهي المركزية التامة في اتخاذ القرارات، التي يمكن اعتبارها غير عملية ولا يمكن أن نجدها في الواقع، إلا في المنظمات الصغيرة الحجم جدًّا.

٢- **موضوع القرار:** ويمثل المشكلة التي تستوجب من متخذ القرار تبنِّي حل أو تصرف أو عمل معين من أجل حلها ومعالجتها. والمشكلة بوجه عام عبارة عن انحراف عن مستوى (مسار) معين أو توقع منتظر، فعلى سبيل المثال يؤدي التغير التكنولوجي السريع إلى أن تتعرض منتجات المنظمة للتقادم. كذلك المقاول الذي يوافق على إنجاز مبنى جديد في تاريخ معين، تنشأ لديه مشكلة إذا لم يستطع أن يفي بهذا التعهد، وإذا كان العقد والاتفاق يقضي توقيع غرامة مالية عن كل يوم تأخير إذا لم ينجز المبنى في التاريخ المحدد، تنشأ لدى المقاول مشكلة أخرى في هذه الحالة. ولا شكّ أن المشاكل كثيرة جدًّا ومتنوعة لا حصر لها، ومنها الخطير الذي قد يؤدي إلى كارثة، ومنها قليل الأهمية.

٣- **الأهداف والدوافع:** القرار المتخذ إنما هو تعبير عن سلوك أو تصرف معين يراد القيام به من أجل تحقيق هدف أو غاية معينة، فكما هو معروف في مجال العلوم

السلوكية والدافعية الإنسانية وراء كل عمل أو سلوك دافع، ووراء كل دافع حاجة معينة يراد إشباعها، إذن فالهدف هو تجسيد للحاجة، فتحقيق الهدف يعني حدوث عملية الإشباع، وبناءً عليه لا يتخذ قرار إلا إذا كان وراءه دافع لتحقيق هدف معين. وتنبع أهمية القرار وقوة الدافع من وراء اتخاذه من مدى أهمية الهدف المراد تحقيقه من القرار المتخذ، وعليه يمكن القول أخيراً أن الهدف يبرر اتخاذ القرار.

٤- **المعلومات والبيانات:** عند اتخاذ قرار حيال موضوع أو مشكلة ما، لا بد من جمع معلومات وبيانات كافية عن طبيعة المشكلة أو الموضوع وأبعادها، وذلك لإعطاء متخذ القرار رؤية واضحة عنهما، والمعلومات تكون عن الماضي والحاضر والمستقبل عن طريق عملية التنبؤ، انطلاقاً من معلومة مفادها أن الحاضر إنما هو امتداد للماضي، والمستقبل كذلك هو امتداد للحاضر، فالمعلومات والبيانات مسألة حيوية يتوقف علهيا نجاح القرار، والمنظمات الحديثة اليوم لديها نظام متكامل للمعلومات يوفر لمتخذ القرار ما يشاء من معلومات وبيانات وإحصائيات بسرعة متناهية من خلال استخدام الحاسبات الألكترونية. ونظام المعلومات هذا لا يقف عند هذا الحد، بل يقدم لمتخذ القرار معلومات مرتدة عن القرار الذي وضعه حيز التنفيذ، بما يساعده على تقييم مسار القرار المتخذ بشكل مستمر كلما اقتضت الضرورة ذلك.

٥- **التنبّؤ:** هو شيء أساسي لمتخذ القرار، وذلك لأن معظم القرارات تتعامل مع متغيرات مستقبلية معظم اتجاهاتها مجهولة يجب التنبؤ بها وتقديرها، وتحديد انعكاسها وتأثيرها في المنظمة. فالتنبؤ (كما مر معنا في الفصل السابق) يساعد متخذ القرار في أن يستطلع ما سوف يحدث في المستقبل، وعليه فهو ركن أساسي من أركان عملية اتخاذ القرار، ويساعد المدير في إدراك أبعاد المشاكل التي تواجهه، أو أبعاد المشكلة التي يريد اتخاذ قرار حيالها ومعالجتها.

٦- **البدائل:** البديل أو الحل يمثل مضمون القرار الذي سوف يتخذ لمعالجة موضوع أو مشكلة ما، والواقع من النادر أن يكون هناك حل واحد للموضوع أو المشكلة. فعلى الأغلب هناك أكثر من حل واحد، وبالتالي فمتخذ القرار الجيد هو الـذي يضـع أكـثر من بديل واحد، وبالطبع يجب ألا تكون البدائل كثيرة كي لا تختلط الأمور عليه.

٧- **القيود:** يواجه متخذ القرار عدداً من القيود البيئية الداخلية والخارجية تضع معوقات أمامه عند اتخاذه القرار، وهذه القيود عليه أن يحسـن التعامـل معهـا، وأن يخفـف من آثارها السلبية قدر الإمكان، ومن أمثلة هذه القيود: الإمكانـات الماليـة، مستوى الدخل، مستوى كفاءة العاملين.. إلخ.

أهمية اتخاذ القرارات:

إن عملية اتخاذ القرارات من أهم القرارات التي يتخذها الإداري لتحقيق الأهداف المرجو تحقيقها في المستقبل، وذلك من خلال اختبار البديل الأفضل، ويجب على المـدير أن يصنع القرار عندما يقوم بإنجاز الوظائف الإدارية الثلاثة الأخرى وهي: التنظيم، التوجيـه، الرقابة.

وكما هو معروف فإن الأهمية النسبية باتخاذ القرارات تختلـف مـن الإدارة العليـا عن الإدارة الوسطى وعن الإدارة الدنيا، لذلك أصبح ما يميـز المـدير النـاجح عـن غـيره هـو كفاءته ومهارته في اتخاذ القرارات، لذلك فإن عملية اتخاذ القرار هـو أهـم شيء يقوم بـه المدير لا سيما أنه يتحمل نتائج نجاح المشروع وكذلك يتحمل نتائج فشل المشروع.

أنواع القرارات Types of Decisions

يمكن تقسيم القرارات في ضوء كم من الوقت يجب أن يمضي ـ المـدير في اتخاذهـا، وما هو الجزء من المنظمة الذي يجب أن يكون مشمولاً في اتخاذها، والوظائف التنظيميـة التي يتم التركيز عليها في صنع القرارات. مـن المحتمـل أن يكون أفضل أسلوب مقبول

لتصنيف القرارات هو القائم على لغة الحاسوب (الكمبيوتر) ويقسم القرارات إلى نـوعين رئيسـين هـما: قـرارات مبرمجـة (مخططـة) (Programmed) وأخـرى غـير مبرمجة (غـير مخططة) (Nonprogrammed).

القرارات المبرمجة والقرارات غير المبرمجة:

القـرارات المبرمجـة هـي روتينيـة ومتكـررة، وتعتمـد عـلى الخـبرات الشخصيـة للمديرين، ومعرفتهم بالمواقف السابقة المماثلة بالإضافة إلى استخدام التقدير الشخصيـ وتكون المشاكل التي تتخذ في مواجهتها القرارات المبرمجة بسيطة ولا تحتاج إلى تحليل طويل، وتقتضي سرعة البتّ، وأن القرار يمكن إلغاؤه أو تعديلـه دون نشـوء آثار ضارة بالمنظمة.

ومن أمثلتها العديد من المشاكل اليومية المتكررة التي تواجه المـديرين في عمليـات الإشراف والرقابة على سير العمل اليومي. وبشكل أكـثر تحديـداً، مثل القرار الـذي يُتّخـذ للقيام بترتيب أصناف من المنتجات على رفوف محل لبيع المـواد الغذائيـة (سـوبرماركت مثلاً).

كما يمكن القول أن مثل هـذه الأعمال الروتينيـة والمتكـررة (والتي تتخـذ بشـأنها قرارات مبرمجة) تقوم الإدارة بتطوير طرق محددة لمعالجتها.

أما القرارات غير المبرمجـة فتتخـذ لمعالجة المشاكل غـير الروتينيـة، وتتميـز هـذه القرارات بأنها جديدة وغي رمتكررة ولها آثار هامة على نشاط المنظمة في المـدى الطويـل، ويصعب تغييرها إلا بعد مضي فترة طويلة.

وتتخذ القرارات غير المبرمجة (الابتكارية) في ظل التأكد والمخاطرة وعدم التأكد. فإذا توافرت بيانات كاملة عند صنع مثل هذه القرارات غير المبرمجة فإن ذلك يساعد عـلى صنع الاقرارات في حالة التأكد.

أما إذا استطاع صانع القرارات معرفة احتمالات البدائل المختلفة (نتـائج قراراتـه) بصورة غير مؤكدة تماماً فإنه يكون قد صنع القرار في ظل المخاطرة.

أما إذا لم يستطع معرفة الاحتمالات للبدائل المختلفة لصنع قرار معين فهو إذن يصنع القرار في حالة عدم التأكد.

ومن الأمثلة البسيطة على القرارات غير المبرمجة، هل يقوم محل بيع المواد الغذائية (السوبرماركت) بإدخال نوع جديد من الخبز إلى محله أم لا.

عند اتخاذ مثل هذا القرار، يجب أن يراعي المدير ما إذا كان النوع الجديد من الخبز سوف يؤدي إلى استقرار حجم المبيعات من الخبز بمنافسة أنواع الخبز الموجودة أصلاً في المحل، أو أن ذلك سيؤدي إلى زيادة مبيعات الخبز وذلك بعرض نوع جديد منه إلى عملاء لم يحدث أن قاموا بشراء الخبز من المحل قبل ذلك.

يجب التفكير في مثل هذه القضايا قبل أن يتمكن المدير من صنع القرار النهائي بعرض أو عدم عرض النوع الجديد من الخبز.

ومن الأمثلة الأخرى على القرارات غير المبرمجة التحول في الإنتاج من الإنتاج حسب الطلبيات إلى الإنتاج المستمر، أو التحول من سياسة المركزية إلى سياسة اللامركزية في الإدارة.

القرارات التنظيمية والقرارات الفردية:

كما ويمكن تقسيم القرارات إلى قرارات تنظيمية وأخرى فردية:

فالقرارات التنظيمية (Organizational Decisions) هي تلك التي يصنعها المديرون بموجب أدوارهم الإدارية الرسمية، وذلك مثل تبنيهم للاستراتيجيات (Strategies)، وضع الأهداف، والموافقة على الخطط وغيرها.

أما تنفيذ هذه القرارات فيتم تفويضه إلى آخرين في المنظمة، مما يعني أن القرارات تتطلب دعم كثير من الأشخاص في المنظمة إذا ما أريد تنفيذها بالشكل الصحيح.

أما القرارات الفردية (Personal Decisions) فتتعلق بالمدير كفرد، وليس باعتباره عضواً في المنظمة. إن هذه القرارات لا تفوض لأحد لأن تنفيذها لا يتطلب دعم من أعضاء المنظمة. فإذا قرر المدير أن يتقاعد من العمل، أو قبول وظيفة للعمل في شركة

منافسة، أو قضاء أوقات فراغه بعد انتهاء عمله الرسمي يمارس لعبة رياضية أو أكثر، جميعها قرارات فردية.

وبالرغم من أنه يمكن التمييز بين القرارات التنظيمية والقرارات الفردية من الناحية النظرية وفي ضوء تعريفاتها السابقة، إلا أنه يصعب ذلك عمليًّا. ورغم أن القرارات الفردية ذات تأثير مباشر على متخذها إلا أنها تؤثر من ناحية أخرى على المنظمة. فإذا قرر مدير المنظمة الاستقالة من وظيفته فذاك قرار فردي خاص به، إلا أنه سيمثل مشكلة تنظيمية لاتخاذ قرار تنظيمي لتعيين شخص آخر مكانه. أي إن قرار المدير الفردي سيتحول إلى قرار تنظيمي، وهذا يعني أن كثيراً من القرارات التي يصنعها المديرون تتضمن عناصر تنظيمية وأخرى فردية.

القرارات الأساسية والقرارات الروتينية:

كما يمكن تقسيم القرارات إلى قرارات أساسية (Basic Decisions) وقرارات روتينية (Routine Decisions).

فالقرارات الأساسية ينظر إليها على أنها أكثر أهمية من تلك الروتينية. تشمل القرارات الأساسية التزامات طويلة الأجل، صرف مبالغ كبيرة، مما يعني أن أي خطأ يحدث في مثل هذه القرارات يمكن أن يعرض المنظمة للخطر.

ومن الأمثلة على القرارات الأساسية اختيار خط إنتاج (A Product Line) أو مجال نشاط المنظمة، اختيار موقع جديد للمصنع، وتعديل تشكيلة منتجات المنظمة.

ولا يمكن أن يتم صنع القرارات الأساسية بصورة أوتوماتيكية ومتسرعة إذ أنها تتطلب عناية خاصة في صنعها والقيام بتحليلات لأبعاد متعددة، اقتصادية واجتماعية ومالية. ويشبه هذا النوع من القرارات ذلك النوع من القرارات غير المبرمجة الذي سبق ذكره.

أ

ما **القـرارات الروتينيـة** فهـي متكـررة بطبيعتهـا، وذات تـأثير بسـيط وثـانوي عـلى المنظمة. ولهذه الأسباب، تقوم معظم المنظمات بوضع كثـير مـن الإجـراءات (Procedures) لترشد المدير في معالجة هذا النوع من القرارات. بعض الأفـراد في المنظمـة الـذين يقضـون معظم وقتهم في صنع قرارات روتينية يجدون هذه الإرشادات (الإجراءات) مفيدة جدًّا.

وتعتبر الإجراءات مفيدة لأنهـا تسـاعد في صـنع القـرارات الروتينيـة حيـث تقسـم العمليات (Processes) إلى خطوات (Steps).

ومن الأمثلة على القرارات الروتينية صرف العـلاوات السـنوية للمـوظفين، وتوزيـع مهمات العمل على العاملين، وأعمال حفظ الأوراق والملفـات في المنظمـة.. وغيرهـا. يشـبه هـذا النـوع مـن القـرارات ذلـك النـوع مـن القـرارات المبرمجـة الـذي سبق ذكره.

عملية صنع القرار (The Decision - Making Process)

يمكن تعريف القـرار بأنـه اختيـار بـديل مـن بـين مجموعـة مـن البـدائل المتاحـة. وعملية صنع القرار هي الخطوات التي يتبعها صانع القـرار ليقـوم بالاختيـار الفعـلي لهـذا البديل.

إن تقييم القرار يجب أن يعتمد ولو على الأقل جزئيًّا على العمليـة التـي تسـتخدم لصنع القرار.

إن خطوات صنع القرار، حسب ترتيب حدوثها هي:

١- تحديد المشكلة.

٢- تطوير البدائل الممكنة لحل المشكلة.

٣- اختيار أفضل البدائل.

٤- وضع البديل الذي تم اختياره موضع التنفيذ.

٥- جمع معلومات راجعة (Feedback) لمعرفة ما إذا كان البديل الذي تم تنفيذه قد حل المشكلة التي تم تحديدها.

وفيما يأتي شرح موجز لهذه الخطوات:

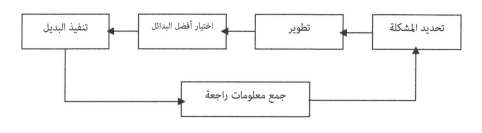

نموذج عملية صنع القرار

١- تحديد المشكلة (Identifying an Existing Problem)

إن صنع القرار هو أساساً عملية حل المشكلة بإزالة الحواجز التي تعترض تحقيق الهدف التنظيمي. فمن الطبيعي إذن أن تكون الخطوة الأولى في عملية الإزالة هذه هي التحديد الدقيق للمشكلة أو للحواجز.

وبعد أن يتم تحديد الحواجز أو المعوقات بدقة تتمكن الإدارة من اتخاذ الخطوات لإزالتها أو إبعادها.

يمكن أن يُلفت نظر المديرين إلى هذه المشاكل من خلال:

أ- أوامر يصدرها المديرون للمشرفين.

ب- حالات يتم رفعها للمديرين من قبل مرؤوسيهم.

جـ- النشاط العادي الذي يقوم به المديرون أنفسهم.

٢- تطوير البدائل لحل المشكلة (Listing Alternative Problem Solutions)

بمجرد تحديد المشكلة، يجب على المديرين تحديد الحلول المختلفة الممكنة، إن مشاكل تنظيمية قليلة جدًّا يمكن أن تحل بطريقة واحدة فقط.

يجب أن يبحث المديرون عن الحلول البديلة المتعددة التي يمكن أن توجد لمعظم المشاكل التنظيمية.

يجب على المديرين قبل أن يبحثوا عن الحلول أن ينتبهوا إلى قيود خمسة بالنسبة لعدد البدائل الممكنة لحل المشكلة، وهذه القيود هي:

أ- عوامل السلطة (Authority Factors) كأن يكون المشرف قد أخبر مديره بأن البديل كان معقولاً.

ب- عوامل بيولوجية أو إنسانية (Biological or Human Factros) كأن يكون العنصر الإنساني في المنظمة غير ملائم لتنفيذ البدائل.

جـ- عوامل مادية (Physical Factors) كأن تكون التسهيلات المتوفرة في المنظمة غير ملائمة بشكل جدي لبدائل معينة.

د- عوامل تكنولوجية (Technological Factors) كأن يكون مستوى التكنولوجيا في المنظمة غير ملائم لبدائل معينة.

هـ- عوامل اقتصادية (Economic Factors) كأن تكون بدائل معينة مكلفة جدًّا للمنظمة.

٣- اختيار أفضل بديل (Selecting the Most Beneficial Alternative)

يستطيع صانعو القرار اختيار أفضل حل بعد أن يكونوا قد قيّموا كل بديل بعناية وحرص. يجب أن يتكون هذا التقييم من ثلاث خطوات:

أ- يجب أن يحدد صانع القرار وبالدقة الممكنة الآثار المحتملة لكل بديل كما لو كان قد تم اختيار هذا البديل وتنفيذه.

ب- يجب أن يحدد مقدار احتمال لكل أثر من الآثار المحتملة الواردة في الخطوة السابقة. وهذا سيبين كيف سيكون احتمال حدوث الأثر إذا تم تنفيذ البديل.

جـ- يجب على المديرين أن يقارنوا بين النتائج المتوقعة لكل بديل واحتمالاتها، آخذين بعين الاعتبار الأهداف التنظيمية التي تسعى المنظمة لتحقيقها. وعندئذٍ يتم اختيار وتنفيذ البديل الذي سيعود على المنظمة بأكبر الفوائد.

ويمكن للمديرين أن يستخدموا ثلاثة أساليب لاختيار البديل هي: الخبرة السابقة، التجربة، والبحث والتحليل.

٤- تنفيذ البديل الذي تم اختياره (Implementing the Chosen Alternative)

يتم في هذه الخطوة وضع البديل الذي تم اختياره موضع التنفيذ. ويجب في هذه المرحلة دعم القرارات بعمل مناسب إذا أريد لها النجاح. وذلك كتعاون الآخرين في تنفيذه، بعد إقناعهم بفعاليته ومقدار العائد الذي سيعود على المنظمة وعليهم هم أيضاً كأعضاء في هذه المنظمة.

٥- جمع معلومات راجعة تتعلق بالمشكلة

(Gathering Problem-Related Feedback)

بعد أن يتم تنفيذ البديل الذي تم اختياره، يجب أن يقوم المديرون بتقرير مدى تأثير تنفيذ البديل على المشكلة التي اختير البديل لمعالجتها. وإذا لم يتم حل المشكلة، فإن على المديرين أن يبحثوا وينفذوا بديلاً آخر.

حالات صنع القرار (Decision - Making Conditions)

يستحيل، في معظم الحالات، على صانعي القرارات التأكد بشكل دقيق بالنتائج المستقبلة من تنفيذ البديل (القرار). إن كلمة المستقبل (Future) هي الأساس عند بحث حالات صنع القرار. بما أن المنظمات وبيئاتها في تغيير مستمر، فإن النتائج المستقبلة لتنفيذ القرارات من الأمور التي يصعب التنبؤ بها بشكل كامل.

يمكن القول، بشكل عام، أن القرارات يتم صنعها في حالات ثلاث مختلفة، تقوم كل من هذه الحالات على مقدار إمكانية التنبؤ بالناتج المستقبلي لكل بديل من بدائل القرارات.

وهذه الحالات هي:

أ- حالة التأكد الكامل.   ب- حالة عدم التأكد الكامل.   جـ- حالة المخاطرة.

أ- حالة التأكد الكامل (Complete Certainty Condition)

توجد حالة التأكد الكامل عندما يعرف صانعو القرار بالضبط النتائج التي ستتوفر من تطبيق البديل الذي تم اختياره. ففي هذه الحالة، يكون لدى المديرين معلومات كاملة عن القرار.

إن كل ما يفعله المديرون في هذه الحالة هو تسجيل نتائج البدائل ومن ثم تنفيذ البديل الذي يعود على المنظمة بأعلى عائد ممكن.

فعلى سبيل المثال، إن العائد على قرار استثمار مبلغ من المال في شراء سندات حكومية قرار يمكن أن يتم في حالة التنبؤ الكامل وذلك بسبب نسبة العائد الذي تكون الحكومة قد أعلنت عنه.

إن تقرير هذا البديل معناه صنع قرار في حالة التأكد الكامل. إلا أنه ولسوء الحظ، أن معظم القرارات التنظيمية لا تصنع في حالة التأكد الكامل.

ب- حالة عدم التأكد الكامل (Complete Uncertainty Condition)

توجد حالة عدم التأكد الكامل عندما لا يكون لدى صانعي القرارات أي فكرة عن نتائج البديل (القرار).

فعلى سبيل المثال، توجد حالة عدم التأكد الكامل إذا لم تتوفر معلومات تاريخية (Historical Data) يمكن أن يُعتمد عليها في اتخاذ القرار.

إن عدم معرفة ما الذي حدث في الماضي يجعل من عملية التنبؤ بما سوف يحدث مستقبلاً صعبة. ففي مثل هذه الحالة، يجد المديرون أن الوصول إلى قرارات صحيحة هي مجرد صدفة.

إنه لمن حسن الحظ أن عدداً قليلاً من القرارات التنظيمية يتم صنعها في حالة عدم التأكد الكامل.

جـ- حالة المخاطرة (Risk Condition)

إن الصفة الأساسية لحالة المخاطرة هي توفر معلومات كافية لصانعي القرارات عن نتائج كل بديل مما يمكنهم من تقدير كَمْ هو احتمال الناتج إذا ما تم تنفيذ البديل (القرار). مما يعني أنه في حالة المخاطرة فإن نتائج البديل تكون معروفة بعض الشيء.

من الواضح إذن، أن حالة المخاطرة تقع في مكان ما بين التأكد الكامل والتأكد غير الكامل كما يظهر في الشكل التالي.

فعلى سبيل المثال، فالمدير الذي يعيّن رَجُلَي بيع إضافِيَّيْن من أجل زيادة مبيعات المنظمة فإنه يتخذ قرار التعيين في حالة المخاطرة.

يعتقد المدير أن احتمال أن يزيد موظفا البيع الجديدان إجمالي المبيعات هو احتمال عالٍ، إلا أنه من المستحيل عليه أن يكون متأكداً من ذلك. معنى ذلك أن هناك بعض المخاطرة لهذا القرار.

في الواقع، هناك درجات للمخاطرة تصاحب القرارات التي تصنع في حالة المخاطرة. فكلما كانت جودة (صحة ودقة) المعلومات الخاصة بناتج أي بديل منخفضة، كلما كانت الحالة أقرب إلى عدم التأكد الكامل وحالة المخاطرة في اختيار ذلك البديل تكون أعلى.

إن معظم القرارات التي يتم صنعها في المنظمات فيها قدر من المخاطرة.

حالة التأكد الكامل	حالة المخاطرة	حالة عدم التأكد الكامل
(مخاطرة منخفضة)	(مخاطرة متوسطة)	(مخاطرة عالية)

حالات صنع القرار المتصلة

الأبعاد الشخصية المؤثرة في اتخاذ القرارات الإدارية

Personal Dimensions of Managerial Decisions

من المتعارف عليه وجود فروق في قدرة المديرين على اتخاذ القرارات، وذلك بسبب الاختلافات الموجودة في خصائصهم الشخصية، وعلى ذلك فقد يصل مديران إلى نتائج عكسية بالرغم من اعتمادهما على معايير ومعطيات موحدة لتقييم موقف محدد. ونناقش فيما يلي الصفات الشخصية التي تؤثر في قرارات المديرين التي يتخذونها، وتؤدي في كثير من الأحيان إلى نتائج وقرارات مختلفة:

١- مستوى الذكاء Intellectual Capacity

لا شك أن مستوى الذكاء العالي لدى المدير له تأثير في كفاءة القرارات التي يتخذها؛ لأن هذا المستوى يؤهله للحكم على الأمور بشكل سليم. وبالتالي يمكنه من اتخاذ قرارات أكثر فاعلية وسلامة من المدير الذي يكون مستوى ذكائه عاديًّا.

وعليه يمكن القول أن الذكاء ذو علاقة إيجابية بأداء المدير الإداري، وهذه العلاقة لا شك أنها معقدة لأبعد الحدود ومن الصعب قياس نتائجها.

٢- التعليم والخبرة Education and Experience

كلما كان القرار أكثر تعقيداً زادت أهمية أن يكون لدى متخذ القرار ذخيرة كبيرة من المعرفة والخبرة والمعلومات التي يمكن أن يستقي منها ما يشاء، لذلك يعتبر التعليم والخبرة والمعلومات، عناصر أساسية في المساعدة على إيجاد درجة عالية من الرشد في اتخاذ القرارات.

ويجب أن نلاحظ أن مستوى التعليم والخبرة غير مرتبط بعدد سنوات الدراسة والممارسة بشكل مباشر فحسب، بل مرتبط بدافعية الفرد للاستفادة والتعليم واكتساب الخبرة والمهارة، فالدافعية هي الأساس في هذا المجال.

ونود الإشارة في هذا المقام إلى أنه في بعض الحالات يكون للخبرة الكبيرة والعميقة أثر سلبي على القرار، فهناك بعض الحالات يصبح فيها المديرون ذوو الخبرة العالية أسرى لخبراتهم السابقة ومقيدين بها، حيث يتخذون قراراتهم على أساس النجاحات التي حققوها في الماضي، في حين قد تستدعي الظروف الراهنة ابتكارات جديدة وكسر التقليد الذي درجوا واعتادوا عليه.

٣- الإدراك، القيم، والاتجاهات Perception, Values, and Attitudes

* **التصور والإدراك:** قد يرى أحد المديرين مجموعة العمال في نظره، على أنهم أناس مستغلون يسعون إلى تحقيق المكاسب الشخصية بأقل قدر من الجهد والعمل، وينبغي مراقبتهم بشدة، وتهديدهم باستمرار حتى يكونوا منتجين. بينما هم في نظر مدير آخر كائنات بشرية من دم ولحم، لهم أحاسيس ومشاعر، يجب احترامها، وتنتظر الشخص ذا المهارة القيادية الذي يستطيع أن يحفزها ويفجر طاقاتها الكامنة، ويوجد لديها الدافعية الذاتية نحو العمل ويجعلها تتفانى في رفع الكفاءة الإنتاجية.

لا شك أن هاتين المجموعتين من العمال ليستا إلا نفس المجموعة الواحدة بذاتها لكن النظرة إليها قد اختلفت.

إن الاختلاف في مدى التصور والإدراك بين المديرين، يجعل قراراتهم متباينة حيال المواقف والظروف نفسها، فالمدير ذو القدرة الجيدة على التصور والإدراك الصحيح للأمور، يكون أكثر قدرة على قرارات أفضل.

* **القيم والاتجاهات:** الاتجاه هو النزعة أو الميل المسبق لدى المدير نحو تقييم الأشياء بطريقة تتجانس أو تتعارض مع القيم التي يؤمن بها، وهذا بلا شك يؤثر إلى حد كبير في قراره المتخذ، واتجاهات المدير تقوم على عنصري الاعتقاد والعاطفة، بحيث يمكن القول معه أن القيم التي يؤمن بها الفرد، لا شك أنها هي التي تشكل اتجاهاته نحو المواقف التي يواجهها، وبالتالي تؤثر في قراراته المتخذة حيالها.

٤- **العوامل الدافعة والعاطفية** Motivational and Emotional Factors

التصرف هو لب اتخاذ القرار، وقد يتطلب في بعض الأحيان أن يخاطر المدير بسمعته أو مركزه، وأحياناً بمستقبله، لذلك ينبغي أن تكون لدى المدير الشجاعة والدافعية والثقة بنفسه أكثر مما لدى غالبية الناس، ليكون راغباً في تبني تلك المخاطرة.

فالمدير الذي يؤمن بسياسة الحل الوسط، والمدير الذي لديه الحاجة للانتماء بشكل تدفعه لاتخاذ قرارات ترضي الآخرين بعيداً عن قناعته وبعيداً عن الموضوعية، لا شك أن قراراته ستكون بعيدة كل البعد عن صفة الرشد، حيث تبعده هذه الجوانب العاطفية والدافعية عن واجبه الحقيقي عند اتخاذ القرار، وتفسد تصوره وإدراكه لحقيقة الأمور.

كذلك المدير الذي لديه حاجة كبيرة للأمان والسلامة يخضع لنفس التأثير، طالما أن معظم القرارات تنطوي على درجة من المخاطرة، وعلى النقيض من ذلك فإن المديرين الذين يشعرون بحاجتهم للإنجاز ولإثبات القوة، يشعرون عادةً بالرضى عند اتخاذهم لقرارات حاسمة، ويجدون اتخاذ القرار عملاً ممتعاً، فهو تعبير عن قوتهم، وعلامة من علامات مركزهم وأهميتهم في المنظمة والمجتمع.

٥- **الشخصية** Personality

المدير الذي يعرف حقيقة قدراته وإمكاناته، ويدرك ما يريده، ولديه الشجاعة الكافية للتصرف وحسم الأمور، لا شك سيكون لديه الاستعداد الكافي لاتخاذ قرارات أكثر رشداً من المدير المندفع Impulsive.

فالمدير الذي يتصف بهذه الشخصية لا شك مع مرور الأيام سيتخذ قراراته دون تقصٍّ للحقائق، ودون تحليل كافٍ للأمور.

كذلك المدير الذي لا يملك الشجاعة الكافية لحسم الأمور، واتخاذ القرار في الوقت المناسب، ويكون شديد الحرص والاهتمام بالتفصيلات التي لا لزوم لها، ويؤجل

ويماطل في اتخاذ قراراته، لا شك أنه سيفقد الفرص، ويترك المواقف والمشكلات تتردّى إلى الأسوأ، بسبب حاجته العاطفية للتقليل من المخاطر.

وبوجهٍ عام يمكن القول إن المدير الذي يدرك ذاته تكون لديه القدرة على السيطرة على مكونات شخصيته السلبية، ويكون لديه قدرة على اتخاذ قرارات أكثر رشداً من غيره من المديرين.

أنماط اتخاذ القرارات Decisions Making Patterns

هناك عدة أنماط تنتهجها بعض المنظمات وبعض المديرين عند القيام باتخاذ القرارات الإدارية، هذه الأنماط سنأتي على شرح بعضٍ منها على سبيل المثال وليس الحصر- كنماذج للتوضيح:

المركزية واللامركزية Centralization and Decentralization

تتبع بعض المنظمات الأسلوب التقليدي في اتخاذ القرارات، الذي يقوم على أساس من المركزية الشديدة والاعتماد على الشكل الرسمي والسلطة القانونية، أكثر من الاعتماد على عملية اتخاذ القرار ذاتها وفاعليتها. في حين تدفع منظمات أخرى عملية اتخاذ القرار إلى أدنى مستوى إداري، حتى يتمكن كل مستوى من اتخاذ قراراته بشكل مناسب وملائم، وهذا ما يدعى بلامركزية اتخاذ القرار.

لا شك أن النمط اللامركزي هو الأكثر فاعلية في تنمية المهارات الإدارية وهو الذي يفضله الكثيرون؛ لأنه يتطلب أن يتحمل أكبر عدد ممكن من المديرين مسؤولية اتخاذ القرار، مما يصقل ويحسن من مهاراتهم الإدارية والقيادية ويعودهم على التصرف السليم حيال المواقف التي تواجههم.

وفي مجال مركزية اتخاذ القرار، نود الإشارة في هذا المقام إلى ما يسمى بالقرار الفردي Individual Decision الذي تكون سلطة اتخاذه متمركزة بيد رئيس واحد

دون مشاركة مرؤوسيه له، هذا النمط معروف بـالنمط التقليدي أو الكلاسيكي في اتخـاذ القرارات الذي أكدت عليه النظرية الكلاسيكية في الإدارة التي مرّ معنا شرحها سابقاً، هذا النمط لا تؤيده النظرية الإدارية الحديثة التي تعتمد على المشاركة والعمل الجماعي، لكن بالرغم من ذلك هناك حالات ينفع معها القرار الفردي، وفيما يلي أمثلة عنها على سـبيل المثال وليس الحصر:

* عندما تطلب طبيعة المشكلة حلاً وقراراً بما يسمى بحالات الطوارئ.
* وجـود تعـارض بـين المصـلحة العامـة والمصـلحة الذاتيـة لمـن يشـارك في اتخاذ القرار.
* الحالات الروتينية المتكررة.
* عندما تكون خبرة المشاركين في اتخاذ القرار محدودة وقليلة.

الاستشارة Consultation

يعتمد اتخاذ القرار هنا على قيام متخذ القرار بأخذ رأي جهة استشارية، تقدم لـه النصح والمشورة للوصول إلى الحل المناسب، هذا النمط في الواقع هـو نمـط القرار الفردي مع تعديل قائم على أساس التشاور مع أصحاب الخبرة والمعرفة، لكن سـلطة اتخـاذ القرار في النهاية تبقى في يد صاحب القرار الأصلي، أو صاحب السلطة في اتخاذ القرار.

المشاركة Participation

من خلال التجربـة والممارسـة تعلـم الكثيرون مـن المـديرين إشراك مرؤوسيهم في اتخاذهم للقرارات، مهما كان المستوى الوظيفي لهؤلاء المرؤوسين، لقد أثبتت التجارب أنه من الأفضل منح المرؤوس فرصة المشاركة برأيه عند اتخاذ القرار، حتـى يكون مقبولاً مـن قبله ويكون راضياً عنه.

إن القرار الذي يشترك فيه المرؤوسون ينظر إليـه مـن جانبهم على أنه حصيلة تفكيرهم، وبهذا الشكل نجدهم يبذلون قصارى جهدهم في العمل لتنفيذه على الوجه

الأنسب، ويشعرون بمسؤولية تحمل النتائج المترتبة عليه، وإن كانت المسؤولية الأساسية تقع على رئيسهم.

إن المشاركة في اتخاذ القرار وسيلة ناجحة لجعل القرارات أكثر فاعلية، فهي تسمح للمرؤوسين أن يحققوا ذاتهم وسد احتياجاتهم النفسية وتنمية قدراتهم.

وتعتمد المشاركة على عدة وسائل يمكن أن يلجأ إليها المدير، ومن أهمها عقد اجتماعات مع مرؤوسيه، المقابلة الشخصية الفردية مع من لهم علاقة بالمشكلة موضوع القرار، والاتصال الهاتفي عندما يتطلب القرار السرعة في اتخاذه أو بسبب البعد الجغرافي.

وكذلك يمكن أن يلجأ المدير إلى أسلوب الاستفسار الكتابي، لتزويده بالمعلومات والآراء والمقترحات، التي تساعده على اتخاذ القرار بشكل أنسب.

وبوجه عام يعتبر أسلوب عقد الاجتماعات المباشرة بين الرئيس ومرؤوسيه هو الأجدى والأفضل، وهنا على الرئيس أن يشجع مرؤوسيه على أن يدلوا بآرائهم بحرية، وأن يسعى إلى إثارة أفكارهم، وتزويدهم بمعلومات كافية عن طبيعة الموضوع أو المشكلة التي يدور حولها اتخاذ القرار.

القرارات الجماعية Groups Decisions

إن أبرز من طبق هذا النمط هو الإدارة اليابانية، التي اعتبرت القرار الجماعي هو أساس ونهج للعمل الإداري داخل المنظمة اليابانية، فبموجب هذا النمط يساهم أكثر من فرد في اتخاذ القرار، أي كل من له علاقة مباشرة بموضوع القرار المتخذ بشكل مباشر، حيث يكون لكل منهم صوت واحد، والأغلبية هي القاعدة التي تحكم اتخاذ القرار، وفي هذه الحالة تقع مسؤولية القرار على جميع من ساهم في اتخاذه.

وعلى الرغم من انتقاد النظرية الأمريكية في الإدارة لهذا النمط على أنه يستغرق وقتاً طويلاً في اتخاذ القرار، ومن الصعوبة بمكان الوصول إلى رأي جماعي، إلا أن الواقع

العملي في المنظمة اليابانية أثبت غير ذلك، وحقق نجاحاً وأعطى دفعة كبيرة للعمل الجماعي، فالنمط الجماعي في اتخاذ القرار يحقق منافع كثيرة أهمها ما يلي:

* تنوع المعلومات لدى أعضاء الفريق يسمح باتخاذ قرار أفضل.

* يلقى القرار التأييد الكبير عند تنفيذه.

* تعزيز الاتصالات والتشاور والنقاش بين جماعة العمل.

* درجة التنسيق عالية.

* تنمية روح التعاون والعمل الجماعي.

* رفع الروح المعنوية والانتماء للعمل والمنظمة.

ونود الإشارة في هذا المجال إلى أن نمط المشاركة في اتخاذ القرار (وفق ما أوضحناه سابقاً) لا يعتبر هو نفسه نمط القرارات الجماعية. فبموجب نمط المشاركة لا يترتب على المرؤوسين مسؤولية، لأن المسؤولية تقع أولاً وأخيراً على الرئيس صاحب السلطة في اتخاذ القرار، في حين أن النمط الجماعي تقع المسؤولية بموجبه على عاتق كل من ساهم في اتخاذه.

اللجان Committees

تعتبر اللجان المشكلة لدراسة موضوع معين أو مشكلة معينة وجمع معلومات عنها وبيان الرأي لاتخاذ القرار المناسب، نمطاً من أنماط اتخاذ القرارات وصورة من صور المشاركة، وهذه اللجان منها ما هو استشاري يقتصر ـ دورها على تقديم الرأي والنصح، ومنها ما هو تنفيذي، حيث تفوض السلطة الكافية لاتخاذ القرار.

والمشكلة في عمل اللجان هو اعتمادها على الحل الوسط نتيجة الاختلاف الذي قد يحدث بين آراء أعضاء اللجنة.

تحسين القرارات الإدارية وزيادة فاعليتها Improving Managerial Decisions

يستطيع المديرون تحسين جودة قراراتهم بتطبيق بعض الإرشادات والمقترحات التي قدمها لهم المنظرون في هذا المجال، مع الإشارة إلى أنه لما كان متخذو القرارات يستخدمون أساليب مختلفة، وطبيعة المواقف التي يواجهونها مختلفة أيضاً، فمن المستحيل وضع طريقة نموذجية يمكن أن يتبعها جميعهم، من أجل تحسين قراراتهم، لذلك يُكتفى بتقديم بعض الإرشادات، التي يمكن أن تجعل من قراراتهم أكثر فاعلية.

وفيما يلي بعض من هذه الإرشادات:

١- اسأل نفسك الأسئلة التالية:

أ- **من:** من الذي سيشارك في اتخاذ القرار، ومن الذي سينفذه، ومن الذي سيتحمل نتتائجه.

ب- **ما:** ما هي المعلومات والبيانات المتوفرة، ما هي المعلومات والحقائق الناقصة، ما هي النتائج المحتملة سواء الفوائد أو الأضرار، ما هي البدائل المحتملة للقرار.

جـ- **أين:** أين يمكن الحصول على المعلومات والبيانات.

د- **متى:** متى يتخذ القرار بشكل يكون ملائماً، متى يطلب من المرؤوسين تنفيذ القرار، متى تبدأ متابعة التنفيذ.

هـ- **كيف:** كيف يتم اتخاذ القرار من حيث النمط والأسلوب، كيف يتم شرح القرار وتبليغ تنفيذه للمرؤوسين.

٢- لزيادة الموضوعية في القرار حاول أن تتجنب الجوانب الشخصية.

٣- من خلال التخطيط الواعي، خفِّض عدد القرارات التي يتم تحويلها إليك من مرؤوسيك، وشجِّعهم على أن يقوموا باتخاذ القرارات العادية والروتينية، لتفرغ نفسك للقرارات الهامة والحساسة.

٤- تابِع وبشكل مستمر التغيرات التي تحدث في البيئة الخارجية والداخلية، ولْتكن لديك معلومات عنها.

٥- حاوِل قدر الإمكان أن تكون قراراتك قائمة على مبدأ المشاركة والتشاور والتعاون.

٦- راعي الوضوح في كل مرحلة من مراحل علمية اتخاذ القرارات، سواء عند تحديد المشكلة، أو وضع معايير المفاضلة.. إلخ.

٧- تأكّد من أن المشكلة التي تبحث عن حل لها، هي المشكلة التي ينبغي أن تنال الأولوية في اهتمامك.

٨- لا تعتمد على وجود حل واحد للموضوع أو المشكلة التي ستتخذ قرار حيالها.

٩- حاوِل أن تكون قراراتك إبداعية ابتكارية قدر الإمكان، أي لا تعتمد بشكل أساسي على حلول سبق لك أن تبنّيتها في قرارات سابقة إلا عند الضرورة.

١٠- اعتمِد على الأساليب الكمية في عمليات تحليل المعلومات والبيانات.

١١- تبنَّى مبدأ المرونة، بمعنى آخر ضع في اعتبارك تعديل القرار المتخذ، عندما تستجد أمور تقتضي ذلك.

١٢- لا تفترض أن حل المشكلة قد انتهى بمجرد اتخاذ القرار، إذ لا بد من متابعة التنفيذ من أجل التعديل والتكيّف مع المستجدات.

١٣- كوِّن لنفسك بنكاً للمعلومات (سِجِلّ، حاسوب) تخزن فيه معلومات متنوعة توفّرها لنفسك عند الحاجة والطلب.

١٤- استفِد من أخطاء الماضي وحاوِل عدم الوقوع فيها ثانية.

١٥- كُن واثقاً من نفسك، واجْعل لديك القوة والشجاعة على حسم الأمور وعدم تأجيلها، وتحمّل مسؤولية قرارك.

١٦- لا تستعجِل في اتخاذك للقرار إلا في الحالات الطارئة.

١٧- القرار الجيِّد هو الذي يأخذ في اعتباره انعكاسه على الجانب الإنساني، فلا تنسَ أنّ من سينفذه بشر وليسوا بآلات تُدار حسب الرغبة.

الوحدة الخامسة

التنظيم

المقدمة:

يتناول هذا الكتاب موضوع التنظيم الإداري في مجال الإدارة العامة والتي تعتبر وظيفة من وظائف الإدارة وعنصر أساسي من عناصرها حيث تطرقنا إلى الحديث عن الموضوعات الأساسية التالية :تعريف التنظيم، أهميته، عناصره، مبادئه، أشكاله وأنواعه، بناء المنظمات، خطوات بنائه، وطرق بنائه، وأساليب ومعايير تجميع المنظمات.

ومن الظواهر التي تستدعي الانتباه انه كان للتنظيم منذ القدم أهمية بالنسبة للمجتمعات القديمة فالتنظيم موجود في الحياة من قديم الأزل في الحضارات القديمة مثل :حضارة مصر القديمة والصين والرومان والإغريق والدولة الإسلامية. وكان ذلك راجعا أساسا لغريزة الإنسان في التنظيم وحبه واعتناقه لهذه الغريزة.فهو كما قيل حيوان اجتماعي يكره العزلة ويميل إلى التقرب والانضمام في صفوف الأفراد والجماعات فهو يتعاون مع الآخرين ضمانا لبقائه وحماية لنفسه من مخاطر البيئة القاسية التي يعيش فيها الأمر الذي جعله يشعر في العزلة ضعف وان في التجمع والاتحاد قوة.

التنظيم الإداري:

يعتبر التنظيم الإداري الوظيفة الثانية من وظائف الإدارية والتنظيم هنا يقصد به كل عمل يتم بموجبه تحديد السلطة، وظائف المنظمة، وتحديد إدارتها، وأقسامها، ولجانها، وعلاقات هذه المكونات ببعضها البعض من خلال تحديد السلطة والمسؤولية، والتفويض، والمركزية واللامركزية، ونطاق الإشراف، وغيرها في سبيل تحقيق الهدف.

تعريف التنظيم:

وهناك ثلاث اتجاهات فكرية رئيسية تتعلق بتعريف التنظيم، حيث يتوقف كل تعريف على المدخل أو الاتجاه الذي يتخذه الباحث في الدراسة والبحث :

١.الفكر الكلاسيكي في التنظيم (أو النظرية الكلاسيكية في التنظيم) ومن أنصارها: (ايرويك، كونتز، اودونيل، نيومان، ووكر...وغيرهم.)

فيقول ايرويك أن التنظيم: هو تحديد لأوجه النشاط اللازمة لتحقيق الهدف أو الخطة وترتيبها في مجموعات يمكن إسنادها إلى أفراد.

ويعرف كونتز وزميله اودونيل التنظيم بأنه: تجميع أوجه النشاط اللازمة لتحقيق الأهداف والخطط، وإسناد هذه النشاطات إلى إدارات تنهض بها، وتفويض السلطة والتنسيق بين الجهود.

ويتضح من التعريفات السابقة أن أنصار هذا الاتجاه ينظرون إلى التنظيم على انه عملية تصميم هيكل أساسه تقسيم العمل الواجب تنفيذه في وظائف مفردة ثم تحديد المسؤوليات والسلطات والعلاقات بين الأجزاء لتحقيق التنسيق اللازم لبلوغ هدف مشترك.

٢.الفكر الكلاسيكي الحديث: ومن أنصارها: (مارش، سايمون، بارنارد...وغيرهم.)

التنظيم في نظر أصحاب هذا الاتجاه عبارة عن (منظمة)أي شيء ديناميكي متحرك لوجود الإنسان فيه.لذا فإنهم يركزون على السلوك التنظيمي وسلوك الأفراد داخل المنظمة ودوافعهم وصراعاتهم وردود أفعالهم التنظيمية للصراعات.

ويعتقدون العبرة بالفرد ودوافعه ونظام المجتمعات والحوافز والكفاءة المطلوبة تتحقق من خلال دراسة الفرد والمجموعة وليس من خلال التقسيم الموضوعي للعمل أو كونه مجرد هيكل بناء جامد.

٣. الفكر التنظيمي (نظرة النظم) : ومن أنصار هذا الاتجاه :

وليام سكوت ورنسيس ليكرمت وغيرهما الذين ينظرون إلى التنظيم بمعنى (منظمة) وأنها (نظام) عبارة عن مجموعة أجزاء مرتبطة ببعضها البعض ويجب التعامل مع النظام دفعة واحدة.

وهناك مفهومان لمصطلح التنظيم :

1. المفهوم الموضوعي : وهو المعنى الذي يقصد به وظيفة إدارية ،وهو نشاط يتضمن تحديد الأعمال لتحقيق الأهداف وتنظيمها في إدارات وأقسام وتحديد المسؤوليات والسلطات اللازمة لتحقيق هذه الأهداف وتنظيم العلاقة بين الأفراد القائمين بها.
2. المفهوم الشكلي : ويقصد به المؤسسة أو المنظمة، وهي الهيئة التي تضم جماعة بشرية نظمت في شكل ادارات واقسام لتحقيق أهداف محددة ولذا يقصد بالتنظيم في هذا المعنى كونه النشاط او الوظيفة التنظيمية.

ويمكن تعريف التنظيم بإجماله بثلاث نقاط :

* ترتيب منسق للاعمال اللازمة لتحقيق الهدف وتحديد السلطة والمسؤولية المعهودة بها للافراد الذين سيتولون تنفيذ هذه الاعمال.

* الاطار الذي يضم القواعد واللوائح والصلات بين الافراد ويحدد سلطات العاملين ومسؤلياتهم وواجباتهم لتحقيق اهداف الخطة بعدما يتم تجميع اوجه النشاط اللازمة لذلك.

* كل عمل يتم بموجبه تحديد السلطة الوظيفية وظائف المنظمة (كالوظيفة المالية و التسويقية)، وتحديد ادارتها(كالادارة المالية وادارة التسويق)، واقسامها، ولجانها، وعلاقات هذه المكونات ببعضها البعض من خلال تحديد السلطة والمسؤولية، والتفويض، والمركزية واللامركزية، ونطاق الاشراف، وغيرها في سبيل تحقيق الهدف.

ولو قمنا بسرد تعاريف اخرى للتنظيم لراينا تشابه كبير لعناصرها التي تتضمنتها التعاريف ويمكن اجمال هذه العناصرالاساسية من التعريفات السابقة بما يلي :

- **الاعمال او النشاطات التي تمارسها المنشاة لتجقيق اهدافها.**
- **الافراد او العاملين في المنشاة على اختلاف مستوياتهم العملية او الفنية.**

- الامكانات او الموارد المتاحة للمنظمة وتشمل المـواد والطاقـة والامـوال والمعلومـات والتكنولوجيا.

- النظم والاجراءات او الطرق والخطوات والمراحل المخططة لاداء الاعمال والانشطة.

- الهيكل او اسلوب توزيع الافراد العاملين بين الاعمال والنشـاطات المختلفـة وتحديـد علاقاتهم الوظيفية وخطوط الاتصال.

- تحديد السلطات والمسؤوليات لكل مركز وظيفي.

أهمية التنظيم:

تتلخص أهمية عملية التنظيم الإداري في مجموعة من النقاط:

الحيلولة دون التداخل بين الأعمال ومنع التنازع في الإختصاصات والصلاحيات، فهو يحدد الأهداف والمسالك التي يمكن الوصول إليها ويعمل عـلى توجيـه الجهـود لتحقيقهـا، وبالتالي فهو يؤدي إلى زيادة فاعليتها.

الاستخدام الأمثل للطاقات البشريـة وذلك عـن طريـق تحديـد الواجبـات والمهـام المناطة بالأفراد، ووضع الشخص المناسب في المكان المناسب.

التوازن والتنسـيق بـين الأنشطة المختلفـة وذلك بتقسيـم الأعمـال وتوزيعهـا بـين الإدارات والأقسام وتحديدها بصورة متوازنة تحقيقاً للأهداف المركزية أو الأهداف النهائية والتركيز مع الأنشطة الأكثر أهمية.

سهولة الإتصال بين مختلف الإدارات والأقسام والفروع المنظمة.

الاستفادة من فوائد التخصص وذلك بتجميـع الأنشطة المتماثلـة أو تجميعهـا في أقسام أو وحدات إدارية معينة.

سهولة المحاسبة والمتابعة إذ يحدد التنظيم مهام وواجبات الأفراد ويحدد معايير الأداء، وبذلك تسهل مهمة الرقابة وتشخيص الأنحراف والتصحيح.

فوائد التنظيم :

ان وظيفة التنظيم مهمة جدا لانها تعتبر الالية الرئيسية التي بواسطتها يعد المديرون خططهم. يخلق التنظيم ويحافظ على العلاقات بين الموارد التنظيمية اي الموارد الواجب استخدامها في نشاطات متخصصة ومتى، واين وكيف يجب استخدامها. ان الجهد التنظيمي الكامل يساعد المديرين في تقليل نواحي الضعف المكلفة في المنظمة وذلك مثل ازدواجية الجهد والموارد التنظيمية الخاملة (غير المستعملة او قليلة الاستعمال)

ويمكن توضيح فوائد التنظيم المتعددة في نقاط اهمها الاتي :

- توزيع الاعمال والانشطة بشكل عملي.

- يقضي التنظيم على الزدواجية في الاختصاصات.

- يحدد التنظيم العلاقات بين العاملين بشكل واضح.

- يخلق التنظيم تنسيقا واضحا بين الاعمال.

اسس نظرية التنظيم :

يمكن تعريف التنظيم على انه الطريقة لتجزئة المهام العريضة الشاملة الى مسؤوليات محددة قابلة للاضطلاع عليها ولضمان التنسيق والعمل.

١.   الاتجاه التعميمي :

انه من الممكن الآن أن نطور نظرية في الادارة التي يمكن تطبيقها على كل رجال الادارة التنفيذية ويتضمن المبدا من المعرفة الادارية والخبرة قابلا من التنقل من ادارة الى اخرى ومن منشاة الى اخرى. فقد يتحول المديرون التنفيذيون من ممارسة التجارة الى ممارسة الصناعة التحويلية. وقد يتحول القائد العسكري الى قائد مهن سلمية.

*ان معظم((مبادىء الادارة))مستقاة من العمل الفكري لهنري فايول وتشمل :

- لابد ان يكون هناك تخصص.

- المسؤلية في النتيجةالمتفرعة عن تقلد السلطة.

١٠٥

- لابد ان تكون هناك وحدة في الاتجاه:(قائد وحدة، خطة واحدة لكل نشاط).
- لابد ان تكون هناك (وحدة للقيادة)

ومع ذلك فاذا كانت نظرية التنظيم تؤتي ثمارها فلابد ان تجتاز اختبارات اقسى من تلك التي تنطوي على التناسق الداخلي الكامل واتى ملتون ليعرف النظرية الحسنة:((ان النظرية تكون اكثر بساطة كما دعت الحاجة الى قدر اقل من المعرفة الاصلية لإمكان التنبؤ في داخل مجال معين من الظواهر والتنبؤ كان اكثر دقة والاختبار لاكثر دقة هو عقد المقارنة بين التنبؤات وبين التجربة العملية))

٢.طريقة المقارنة :

هو اتجاه يتعلق بالإعتراف بالتشابه الاساسي بين مختلف الهياكل التنظيمية ووصفه وقد تقضي هذه التشابهات التحليلة الى نتائج عامة يمكن تطبيقها على ديل.ارنست ديل

كل، بكثرة عدد القرارات التي تتجه الى الادارة العليا اذ على حساب طبيعة التنظيم القديم كان لازماً أن يتجه الكثير من القرارات الى القمة وغالبا ما كانت معضلة الى حد بعيد وقد نجم عن ذلك تاخير واخطاء وعلاقات واهية وهبوط في الارباح.

كانت الاوامر والانباء تنتقل بسرعة اكبر لكن قبل اعادة التنظيم كان قد اصبح تيار الاتصال أبطأ بأطراد واكثر وقوفا في الاخطاء باطلة الخطوط.

لقد وضحت حدود السلطة والمسؤولية :

وما دامت الشركة هي من ضالة الحجم بحيث يمكن للمديرين ان يعرفوا مرؤوسيهم شخصيا فان التنظيم المركزي التوجيهي يعمل على نحو سليم.

اصبحت الاهداف واضحة ومتناسقة وفي المدى القصير خلال السنتين الثانية والثالثة من اعادة التنظيم استمرت الزيادات في الكفاية الانتاجية. غير انه اصبحت عليها كفة المصاريف الادارية المتزايدة وكانت هذه عملية مستمرة بعض الوقت.

وتؤلف ادارات الاقسام مسؤوليات جديدة كانت تحتاج الافراد اكثر وخاصة افراد موجهين مثل:

- **الانتاج :-** تسلم مدير الورش زمام السلطة كاملة في الوحدات الانتاجية وكانوا يحتاجون اي عدد اكبر من الافرادالتوجيهيين لمعاونتهم كالتخطيط الانتاجي واصدار القرارات. والعمل على مشروعات الموارد والوحدات الانتاجية، وضبط الجودة، والتخطيط الانتاجي.

- **المبيعات :-** انشأت جماعات بيعية بالاقسام تحت اشراف مديري الاقسام، وجعلت هذه الجماعات مسؤولة عن حجم المبيعات بالاقسام واسعار المنتجات داخل حدود فوضوي على هدي السياسات العامة بالمركز الرئيسي ـ وتبعا لذلك تمارس الوظائف التسويقية.

- **خدمة المبيعات :-** اضافوا قسم المحولات عشرة أواثنى عشر اخصائي في الخدمات المرتبطة بالطلبات، اما قسم الاضاءة اضافوا ثلاث رجال اما قسم المحركات فاضافوا اربعة رجال.

- **الهندسة :-** لقد انشأ كل قسم ادارته الهندسية وتوسع في الادارة الموجودة واقام كثير من الاقسام معامله وادواته ومراكز اللحام، وهكذا اصبح التطوير المحلي ممكنا(ديل ارنست).

اوضاع متشابهة اخرى او اوضاع مقارنة كوسيلة للتنبؤ بالتطورات وهي تحاول ان تحدد المساحة التي يمكن تطبيق التقسيمات في نطاقها والظروف التي يمكن ان تكون صحيحة في ظلها. ومحاولة المضي في الاتجاه العلمي ضيق النطاق.

فإن الطريقة المقارنة أفضل وجميعها تستخدم في وضع تعميمات عن مشكلات في التنظيم اكثر تحديدا، كأثر اللامركزية في المصروف الاداري وأثر الادارة المتعنتة.

فاذا كان للدراسات المقارنة في التنظيم ان اصبح ذات فائدة فلا بد من توافر الشروط التالية:

١.**الاطار الفكري** : يجب على الباحث ان يختار المتغيرات التي تجدر مشاهدتها الاوضاع وتكون هذه المتغيرات على انواع عديدة، فمثلا يمكن دراسة التنظيمات على اساس من الوظائف :(وظائف يجب تاديتها، واي سلطة ومسؤولية هما ضروريتان للاداء وهكذا).

٢.**المقارنة** : ان وصف وتحليل وجوه الشبه بين مختلف النظم لا بد من ان ياخذ في الاعتبار وجوه الاختلاف بينهما.

٣.**الاهداف** :ليس هناك من سبيل لتقييم نتائج العمل الا على اساس الغرض او الهدف من التنظيم والذي هو موضع الدراسة ويكون الهدف تحقيق اقصى ـ الربح او الاستثمار بالسلطة او الروح المعنوية او سعادة الاعضاء.

٤.**تاثير اعادة التنظيم** : يمكن تحليل تاثير اعادة التنظيم على اساس خبرة (وستانجهوس) التي برهنت على انها الى حد ما بمثابة نموذج لاعادة التنظيم في الشركات الكبيرة الاخرى التي اقدمت على تغييرات مماثلة منذ ذلك الحين.

ويمكن تقسيم تاثير ادارة التنظيم الى ثلاث مراحل :

١. **التاثير المباشر** : هو فترة قصيرة ترجح فيها كفة المكاسب المباشرة المحققة من اعادة التنظيم على كفة النفقة الاضافية.

٢. **التاثير قصير الاجل** : وهذه الفترة تتخلل السنتين الثانية والثالثة لاعادة التنظيم عندما تزداد المصاريف الاضافية وتميل الى ان ترجح كفتها على كفة المكاسب.

٣.**التاثير طويل الاجل** : وفي النهاية تبدا كفة المكاسب من اعادة التنظيم في الرجحان على كفة النفقة مرة ثانية، وهذا يستمر حتى تتدخل عوامل اخرى بخلاف التنظيم.

عناصر التنظيم الاداري :

تحديد الوظائف : اذ تعد هذه الوظيفة اللبنة الاولى في التنظيم الاداري، والتنظيم يتكون من مجموعة من الوظائف والتي يتم استحداثها بتجميع النشاطات المتشابهة كما ان الوظيفة هي الاخرى تتالف من مجموعة من الواجبات والمسؤوليات التي تستند الى الفرد، وهو الموظف الذي يتمتع بحقوق ويلتزم باداء الواجبات. ويتطلب تكوين التنظيم تحديد الوظائف ووصفها وتقييدها وتحديد عدد الافراد الذين يشغلونها.

تكوين الادارات : ويتم ذلك بتجميع الوظائف المتشابهة بادارات تكون تحت قيادة مدير واحد، وتحكم هذا التجميع عدة اعتبارات وهي :-

أ- **التخصص** :وذلك للاستفادة من مزايا التخصص في العمل. ان تجميع الوظائف المتشابهة في ادارة واحدة يحقق منافع متعددة منها :(خلق فرص الابداع، وقلة في الاخطاء، واتقان في العمل) ومثل ذلك تجميع كافة الوظائف الكهربائية لتضمها ادارة متخصصة واحدة.

ب- **نطاق الاشراف** : اذ ينبغي ان ياخذ بعين الاعتبار عدد من الافراد الذين يستطيع الرئيس الواحد ان يشرف عليهم بكفاءة، فاذا زاد عدد المرؤوسين عن الحد الذي لا يستطيع المدير الاشراف عليه بفاعلية انعكس ذلك على كفاءة ادارته ومن ثم اداء المنظمة.

ت- **تحقيق التكامل والتنسيق بين كافة الانشطة والجهود** : بحيث يتم توجيه جهود الافراد نحو تحقيق الاهداف دون تعارض او تقاطع في الاختصاصات.

ث- **تسهيل الرقابة** : اذ لا بد من الاخذ بعين الاعتبار تدعيم عملية الرقابة وتجميع الوظائف بادارات متخصصة.

ج- **انخفاض التكلفة** : او قلة في الانفاق اذ لا بد ان يكون تكوين الادارات خاضع للتقييم الاقتصادي، بمعنى ان لا يكون التنظيم مصدرا لزيادة التكاليف بل عاملا لانخفاضها.

ح- **مراعاة طبيعة العمل من تجميع الانشطة والوظائف** : وذلك ضمانا للحصول على الفرد الذي تتوفر فيه شروط العمل.

مبادئ التنظيم الاداري:

١- مبدأ ضرورة التنظيم :

يجب تقسيم العمل على افراد التنظيم وتحديد المسؤولية من كل جزء مع اعطاء كل فرد السلطات الملائمة للقيام بما اسند اليه من اعمال.

٢- مبدأ الهدف :

يجب ان يكون للمنظمة هدف او اهداف واضحة تسعى الى تحقيقها والا لا حاجة الى وجود للتنظيم. كما يجب أن يحدد الهدف من وجود كل وظيفة بالهيكل التنظيمي، وان يساهم كل جزء من اجزاء التنظيم في تحقيق الاهداف الرئيسية (او العامة) للمنظمة. ويتم ذلك بتحديد اهداف فرعية لاجزاء التنظيم بحيث تكون الاهداف الفرعية متكاملة ومتناسقة بحيث يتم صهر مجهودات الجماعات والوحدات في قالب واحد يتجه نحو تحقيق الاهداف الرئيسية للمنظمة. ويطلق على مساهمة اجزاء التنظيم الادارية (اوالوحدات الادارية) في الوصول الى الاهداف الرئيسية للمنظمة اسم ((مبدأ أو وحدة الهدف)).

٣- مبدأ التخصص :

يجب ان يقتصر عمل كل فرد على القيام باعباء وظيفة واحدة (او نوع واحد من الاعمال) فان ذلك يؤدي الى زيادة مهارات وقدرات الفرد في ادائها وبالتالي تزداد الكفاءة الادارية.

٤- مبدأ التنسيق :

ونعني بالتنسيق تسوية الامور بانتظام او توحيد الجهود المشتركة او الترتيب المنظم للجهد الجماعي. ويجب ان تنسق جميع جهود افراد التنظيم باسلوب يؤدي الى الوصول الى الهدف العام للمنظمة باقل التكاليف وباقل مجهود وفي اسرع وقت ممكن.

٥- مبدأ السلطة :

وتعني السلطة القدرة الشرعية التي تناط بشخص ما او بوظيفة ما والتي يجري قبولها ليس فقط مـن المـمارس للقـدرة ولكن مـن قبـل الـذين تمـارس علـيهم او الاعضـاء المتاثرين بها.وبمعنى اخر فالسلطة هي الحق في التصرف واصدار القرارات واعطاء الاوامـر وتنفيذ الاوامر والتنسيق والتخطيط والتنظيم، وعلى ذلك فانه يجب ان تكون هناك سلطة عليا، وان ينحدر خط السلطة هبوطا من اعلى فرد (او وظيفة) الى اقل فرد (او وظيفـة) في الهيكل التنظيمي، اي من الرئيس الذي يصدر الاوامر الى المرؤوس الذي يتلقى الامر.

٦- مبدأ المسؤولية :

المسؤولية هي المحاسبة عن اداء الواجبات الناتجة عن السلطة المفوضة للموظف بحكم كونه عضو في المنظمة بصرف النظر عن رغباتـه الشخصـية ولـكي يستطيع الموظف القيام بهذه الواجبات يجب اعطائه السلطات الملائمة وعـلى ذلـك فانه يجب ان يقابـل المسؤولية السلطة الكافية لتحقيق هدف معين. فعندما يكون الفرد مسؤولا عـن تحقيـق هدف معين فانه يجب ان يـزود بالسلطة الكافيـة لانجاز ذلـك العمل وبالتالي تحقيق الهدف المحدد.

٧- مبدأ وحدة الامر :

ويقصد بوحدة الامر عصر سلطة اصدار الاوامر في كـل مستوى في مصـدر واحـد. بحيث يكون الفرد مسؤولا امـام رئيس واحد ويتلقى منـه الاوامر والتعليمات ويكون مسؤولاً أمامه عن اعماله التي يقـوم بها. والـرئيس يجب ان يكون مسـؤولا عـن توجيـه العمل لمن يعملون تحت رئاسته (مرؤوسيه). وبدون شـك فان عـدم الأخذ بمبدأ وحدة الامر سيؤدي الى الفوضى وارتباك الموظفين والاخلال بالنظـام وبالتـالي يـؤدي الى التـاخير في العمل وعدم الكفاية والفاعلية في العمل.

٨- مبدأ تفويض السلطة :

يعني تفويض السلطة اعطاء الغير حق التصرف واتخاذ القرارات في نطـاق محـدد وبالقدر اللازم لانجاز مهام معينة ويتم ذلك بان يعهد الرئيس الاداري بـبعض اختصاصاته

الى مساعديه ووكلائه الذي يثق بهم اي يجب ان تفوض السلطة من اعلى الى اسفل ويفوضهم السلطات التي تمكنهم من التصرف لاداء هذه الاختصاصات بكفاءة وفاعلية. وأن السلطة تفوض والمسؤولية لا تفوض.

٩- مبدأ نطاق الاشراف :

يقصد بنطاق الاشراف عدد من المرؤوسين الذين يستطيع المشرف أن يشرف عليهم وعلى اعمالهم بكفاءة. والمعروف ان من واجبات المشرف أن يشرف على موظفيه ويوجه العمل. ولكي يكون اشرافه فعالا يجب أن يشرف على عدد محدد من المرؤوسين وقد اختلف الكتاب بشان هذا العدد الا ان الذي يهمنا هنا هو ان تحديد نطاق الاشراف يعتمد على عوامل عديدة نذكر منها على سبيل المثال : نوع وطبيعة العمل، مقدرة الرئيس واستعداده الشخصي، قدرة او كفاءة المرؤوسين، اسلوب العمل. الموقع الجغرافي اي قرب الموظفين او بعدهم عن الرئيس. سهولة الاتصال، طبيعة الظروف المحيطة بالعمل وغيرها.

١٠- مبدأ إنقاص عدد درجات سلم الامر او مستويات السلطة(او مبدا قصرخط السلطة):

ويعني اختصار المراحل التي تمر بها الاوامر والتعليمات الى اقل عدد ممكن وبمعنى اخر تقليل مدة المستويات الادارية بين قمة التنظيم وقاعدته اي بين الرئيس الاداري وبين اصغر موظف في المنظمة.

وظائف التنظيم :

هنالك اربعة انشطة بارزة في التنظيم :

أ- تحديد انشطة العمل التي يجب ان تنجز لتحقيق الاهداف التنظيمية.

ب- تصنيف انواع العمل المطلوبة ومجموعات العمل الى وحدات عمل ادارية.

ج- تفويض العمل الى اشخاص اخرين مع اعطائهم قدر مناسب من السلطة.

د- تصميم مستويات اتخاذ القرارات.

المحصلـة النهائيـة مـن عمليـة التنظيـم في المنظمـة: كـل الوحدات التـي يتـالف منها(النظام) تعمل بتآلف التنظيم المهام لتحقيق الاهداف بكفاءة وفاعلية.

ماذا يعمل التنظيم ؟

العمليـة التنظيميـة سـتجعل تحقيـق غايـة المنظمـة المحـددة سـابقاً في عمليـة التخطيط امر ممكنا.بالاضافة الى ذلك فهي تضيف مزايا اخرى.

١) توضيح بيئة العمل: كل شخص يجب ان يعلم ماذا يفعل، فالمهام والمسؤوليات المكلـف بها كل فرد، وادارة، والتقسيم التنظيمي العام يجب ان يكون واضحا. ونوعية وحـدود السلطات يجب ان تكون محددة.

٢) تنسيق بيئة العمل : الفوضى يجب ان تكون في ادنى مستوياتها كما يجب العمـل عـلى ازالة العقبات والروابط بين وحدات العمل المختلفة يجب ان تنمـي وتتطور. كـما ان التوجهات بخصوص التفاعل بين الموظفين يجب ان تعرف.

٣) الهيكل الرسمي لاتخاذ القرارات : العلاقـات الرسـمية بـين الـرئيس والمـرؤوس يجـب أن تتطور من خلال الهيكـل التنظيمـي. هـذا سـيتيح انتقـال الاوامـر بشـكل مرتـب عـبر مستويات اتخاذ القرارات.

خطوات ومراحل التنظيم :

بعد ان حددنا مفهومنا للتنظيم ووضحنا فوائده نـاتي الى نقطـة اساسـية ومهمـة وهي كيفية القيام بعملية التنظيم، ولتوضيح ذلك دعنا نتحدث بالشكل التالي : لنفترض ان هناك شخصا ما يمتلك راس مال ويرغب في تكوين شركة (منظمة) لتصنيع احد المنتجات، وطلب من احد الخبراء الاداريين ان يعمل على وضع نظام اداري لهـذه الشركة فما هـي الخطوات التي سيتبعها هذا الخبير لوضع هذا النظام. دعنا نستعرض هذه الخطوات بشئ من الانجاز كما يلي :

الخطوة الاولى :

وفي هذه المرحلة سيطلب الخبير من اصحاب الشركات المزمع انشائها ان يحددوا له ما هي اهدافهم من انشاء هذه الشركة من اجل تحديد نوع وعدد الوظائف (الانشطة) التي يتطلبها تحقيق هذا الهدف. فاذا كان هدف المنشأة هو انتاج سلعة لتسويقها في السوق المحلية مثلا بغرض تحقيق هدف مرضي، فان الخبير في هذه الحالة سيكون قد حدد بداية الطريق وسينتقل الى الخطوة التالية.

الخطوة الثانية :

سيعمل الخبير على اعداد قوائم تفصيلية بالنشاطات التي يتطلبها تحقيق الهدف المرمي اليه، ومن هذه النشاطات : (تصميم المنتج، واختيار التكنولوجيا الملائمة، وتخطيط الانتاج طويل المدى، تخطيط الانتاج السنوي، جدولة الانتاج، استلام المواد، تخزين المواد، تحليل الوظائف، تخطيط القوى العاملة، اختيار العاملين، وضع المرتبات، اتخاذ قرارات الاستثمار والتمويل، وضع الموازنات، ومسك السجلات المحاسبية.....الخ.

الخطوة الثالثة :

بعد ان ينتهي الخبير من اعداد كشف تفصيلي بجميع الانشطة اللازمة لتحقيق هدف المنشأة فانه سيضع سؤالا كبيرا وهو :هل كل هذه الانشطة المتنوعة يمكن لادارة واحدة او قسم واحد ان يقوم بها جميعا ؟ بالتاكيد فان الجواب سيكون (لا) لانه لا يمكن ان تقوم ادارة واحدة بجميع الاعمال المالية والتسويقية.

وبالتالي فان هذه الخطوة ستركز على تجميع الانشطة المتشابهة معها ووضعها في وحدة ادارية واحدة.

ولكن السؤال الان هو ما هو اساس التجميع لهذه الانشطة هل التشابه في الوظيفة بمعنى ان النشاطات المالية تجمع معا او التشابه في نوع المنتج بمعنى ان المنتجات المتشابهة توضع معا....الخ.

الخطوة الرابعة :

(تحديد العلاقات التنظيمية)بعد تكوين الوحدات الادارية فانه لا بـد مـن ربـط هذه الوحدات مع بعضها من خـلال تحديـد العلاقـات المناسبة بـين العـاملين في مختلـف المستويات الادارية راسيا وافقيا.

وهذه العلاقات التنظيمية تتصل بمفاهيم اساسية وفيما يلي توضيح سريع لهـذه المفاهيم :

* السلطة (AUTHORITY):

وهي الحق (RIGHT) القانوني (الشرعي) في اصدار الاوامر للاخرين للقيام بعمل معين وهناك اربعة انواع من السلطات :

• السلطة التنفيذية (lime authority) :

هي السلطة التي لها الحق في اصدار الاوامر، ولا يجوز رفضـها واوامرهـا لا تقتصرـ على مجال متخصص معين (كما هو في السلطة الوظيفية)ولكن يشمل كل المجالات.

• السلطة الاستشارية (staff authority):

هي الحق في تقديم النصح والاستشـارة لاصحاب السـلطة التنفيذيـة وتكـون غـير ملزمة من قبل الآخرين.

• السلطة الوظيفية (التخصصية) (functional authority):

هي السـلطة التي يسـتمدها صـاحبها مـن الخـدمات التـي يقدمها الى الادارات الاخرى ليس بحكم رئيسا عليها – كما هو في السلطة التنفيذية – ولكن بحكـم الخـدمات التخصصية التي يقدمها لها.

• سلطة اللجان (committee authority):

وهي السلطة التي تمارس من قبل اللجان وقد تكون اللجان تنفيذية او استشارية.

* الـمسؤولية (responsibility):

هي التزام الفرد بتنفيذ الواجبات والاعمال التي تعهداليه من سلطة اعلى.

* تفويض السلطة (delegation):

هي عملية بموجبها يتم منح السلطة من الرئيس الى المرؤوس لاداء عمل معين.

* المركزية واللامركزية(centralization & decentralization):

المركزية : هي حصر حق اتخاذ القرار في قمة الهيكل التنظيمي. اي تركز السلطة في الادارة العليا.

اللامركزية : هي عبارة عن نقل حق اتخاذ القرار للمستويات التنظيمية الاخرى (الادنى) او الفروع بموجب قواعد تشريعية.

وتختلف اللامركزية عن التفويض في ان اللامركزية تتم بموجب قواعد تشريعية وليست منحة كما هة الحال في التفويض. كما ان المفوض يبقى مسؤولا عن نتائج الاعمال التي فوضها.

* نطاق الاشراف (span of management):

يقصد به عدد المرؤوسين الذين يشرف عليهم اداري واحد ويخضعون لسلطته.

* اللجان (committees):

وهي عبارة عن مجموعة من الافراد المعينين او المنتخبين يعهد اليهم كجماعة بمسؤولية القيام بعمل معين وقد تكون اللجنة تنفيذية او استشارية.

الخطوة الخامسة :

(تحديد العلاقات بين الوحدات الادارية) بعد انشاء الوحدات الادارية في المنظمة(كالادارة المالية، وادارة الانتاج، وادارة التسويق، وادارة الموارد البشرية، لا بد من ايجاد التنسيق بينها من خلال ايجاد شبكة اتصالات رسمية بينهم تسمح بتبادل البيانات والمعلومات بانسياب ويسر.

الخطوة السادسة :

(اختيـار وتنميـة العنـاصر البشريـة مـن اجـل تنفيـذ مهـام الوحـدات الاداريـة)
بعدالانتهاء مـن عمليـة الهيكـل التنظيمـي تبـدا عمليـة اختيـار الافراد لشغل الوظائف
الموجودة في الهيكل، ولا بد ان يكون الاختيـار قائم عـلى مبدا (وضع الرجل المناسب في
المكان المناسب).

الخطوة السابعة :

رسم الهيكل التنظيمي على شكل مخطط يطلق عليه (الخريطة التنظيمية) وفيهـا
توضح حجم الهيكل التنظيمـي (التنظيم)، والتبعيـة ونطـاق الاشراف لكـل شـخص وعـدد
المستويات الادارية، وتعطي فكرة عن المناصب المختلفة.

وقد تبين الخريطة خطوط انسياب السلطة من اعلى الى اسفل.

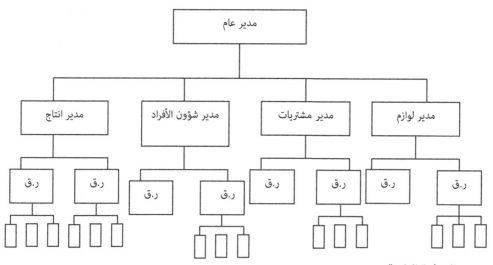

الخطوة الثامنة :

(اعداد الدليل التنظيمي) في هـذه المرحلـة يعمـل الخبير عـلى اعـداد مـا يسـمى
الدليل التنظيمي وهو عبارة عن ملخص على شكل كتيب يتضمن اسم المنظمـة، عنوانهـا،
اهدافها، سياستها، هيكلها التنظيمي بتقسيماته الرئيسية والفرعية، واجراءاتها....الخ.

الخطوة التاسعة :

وتتمثل في ضرورة مراقبة عملية التنظيم بشكل دائم ومستمر وادخال التعـديلات المناسبة عليه عند الحاجة لذلك حتى يلبي اي متغيرات مطلوبة.

اشكال التنظيم :

١)التنظيم العمودي (line organizational):

واساسه تدرج السلطة حيـث يسـتطيع الـرئيس اصدار اوامـره للمرؤوسـين وهـي ملزمة لهم وتحكم تصرفاتهم. كما ان السلطة الادارية هي محـور العلاقـات في هـذا النـوع من التنظيم. والسلطة تعني الحـق القـانوني في التصرف واصدار الاوامـر للاخرين للقيـام بعمل او الامتناع عن عمل. كما تعتمد السلطة في هـذا الشـكل مـن التنظيم عـلى المركز الوظيفي، كما ان السلطة الرسمية تتجه داخل التنظيم من الاعـلى الى الاسـفل. حيـث يتم توزيع الواجبات والصلاحيات على افراد التنظيم.

ومن مزايا هذا النوع مـن التنظيم السرعة في اتخـاذ القـرارات ووضـوح التنظيم وبساطته.اما عيوبه فهي محدودية قدرات الرؤساء.

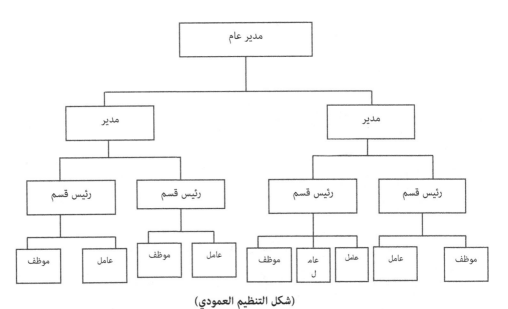

(شكل التنظيم العمودي)

٢)التنظيم الاستشاري (staff organizational):

ولقد اقتضت محدودية قدرات الرؤساء الى ايجاد طبقة من الاستشاريين الذين يمدون الرؤساء بالمشورة كل في مجال اختصاصه وهنا ظهر نوع من التنظيم سمي بالتنظيم الاستشاري ان السلطة التي يتمتع بها المستشار ما هي إلا سلطة إستشارية وليست رئاسية. اذ ليس للاشخاص الذين يتولون مناصب استشارية الحق في اصدار الأوامر. وانما تقتصر واجباتهم على مساعدة السلطة التنفيذية بتقديم المشورة والاقتراحات وتقديم المعلومات اللازمة لمتخذ القرار.

لذا فان الفرق بين العلاقات الاستشارية والعلاقات التنفيذية، هي ان السلطة التنفيذية تعتمد على امتلاك سلطة اصدار الامر اما الاستشارية ما هي الا قيادة فكرية تقدم التوصيات والمقترحات غير الملزمة، كما ان هذا النوع من العلاقات الاستشارية لا تظهر بمفردها بالتنظيم، وانما تعتمد على وجود السلطة التنفيذية.

ومن مزايا هذا النوع من التنظيم ان يمد الرئيس التنفيذي بالاستشارة والمعلومات والاراء في الوقت الذي لا يكون للرئيس الوقت الكافي او الدراية الكافية في مجال معين. فيستعين بالاستشاري المتخصص في ذلك المجال، مما يرفع من قدرات الرؤساء في عملية اتخاذ القرار ومن ثم يساعد في تحسين الكفاية الادارية ولكن من عيوبه اثارة المنازعات بين الإستشاري ورجال الإدارة الآخرين الذين يتمسكون بما يمتلكوه من خبرة اكتسبوها مع الزمن قد تفوق ما يقدمه الاستشاري وعلى حد اعتقادهم.

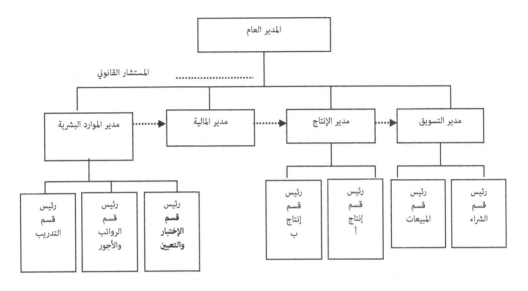

(التنظيم التنفيذي الإستشاري)

٣) التنظيم الاداري (الوظيفي)(functional organizational):

وأساسـه التنظيـم الإستشـاري ويحـدث هـذا النـوع مـن التنظيـم حينـما يتسـلل استشاري من وراء الكواليس الى المجال التنفيذي. وذلك حينما تعطي السلطة الرئاسية حـق اصدار التعليمات الملزمة للمستشارين. فالمستشار القانوني يقدم الإستشـارة القانونيـة وفي نفس الوقت يفوض سلطة ابرام العقود مع الهيئات والمنظمات الاخرى نيابـة عـن الادارة، ومن المستحسن ان لا تبالغ السلطة التنفيذية في منح سلطات وظيفية للمستشارين خوفـا من تداخل صلاحيات المدراء التنفيذيين ومن ثم ارباك العمل.

ومن مزايا هذا النوع من التنظيم تحقيق منافع تقسيم العمل. اما محدداته فهـي احتمال ازدواجية المرجعية والاشراف.

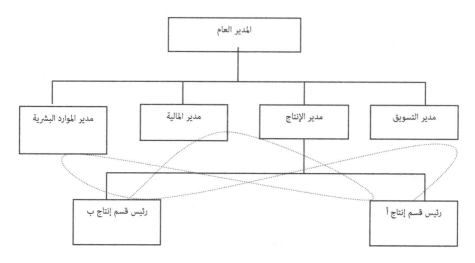

(الهيكل التنظيمي الإداري الوظيفي)

٤) تنظيم اللجان (committee organizational):

واللجان مجموعـة مـن الافـراد تـربطهم مسـؤولية مشـتركة، تقـدم الإقتراحـات والتوصيات للادارة وقد تتعداه الى ممارسة عملية اتخاذ القرار وهي مجموعة مـن الخـبراء تفوق قدراتها قدرات الافراد منفردين، ويتهم مثل هذا التنظيم بالبطء في انشطته. ولكـن لو حددت اهداف اللجان وحددت قواعد لانجاز اعمالها، فـان ذلـك كفيل بضـمان كفـاءة ادائها.

٥) تنظيم المصفوفة (matrix organizational):

ان هذا النمط من التنظيم يعتبر نمطا حديثا ومتطورا، وان اول اسـتخدامات هـذا النمط كان في صناعة الفضاء والصنـاعات الحربيـة في الولايـات المتحـدة الامريكيـة ثـم مـا لبثت ان استخدمت في منظمات الاعمال مثل : منظمات الاستشـارات الاداريـة، ووكـالات الاعلان بالاضافة الى المنظمات الصناعية.

إن تنظيم المصفوفة هو تنظيم خليط، يجمع بين تنظيم ادارة المشاريع والتنظيم الوظيفي، اذ يضم المشروع ادارات متخصصـة يـديرها خـبراء جـاءت مـن ادارة الام ولكنهـا

تؤتمر وفق اوامر مدير المشروع ايضا. وما ان ينتهي المشروع حتى تنتهي تلك التنظيمات المؤقتة. ويعتبر هذا النظام من أنظمة الاوامر المتعددة كما وصفه ديفيز ولورانس فهو بخلاف ما يتصف به التنظيم التقليدي المتميز بوحدة الاوامر. فهنالك سلطة مدير المشروع وسلطة إدارة الام. ومع ذلك فان اعضاء الفريق يقبلون سلطة مدير المشروع ولو كان هذا المدير اقل منهم مرتبة.

ويستعمل تنظيم المصفوفة من قبل منظمات تتولى مشروعات معقدة.يعمل هذا التنظيم على تكامل العلاقات الرأسية والأفقية في وحدة جديدة مؤقتة يطلق عليها اسم المشروع (project). ولذلك نجد ان تنظيم المصفوفة هو نموذج تنظيمي مزيج (هجينhybrid)يحتوي على خصائص كل من تنظيم المشروع والتنظيم الوظيفي.

ومن مزايا هذا التنظيم هو التحكم في استخدام الموارد المتاحة وتوجيهها. ولكن قد تكون تلك التركيبة التنظيمية مصدر تناقضات بين العاملين لتعدد المرجعية.

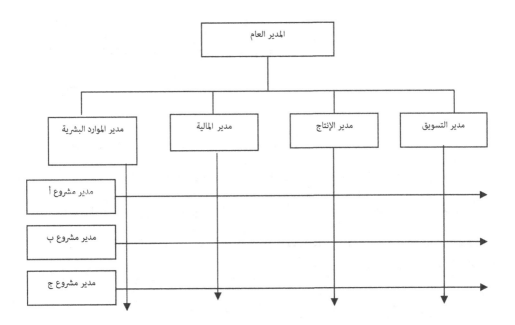

(المصفوفة التنظيمية)

٦)التنظيم الرسمي وغير الرسمي :

ان نمو المنظمات وتطورها وحاجتها المتناهية للعاملين افقدها الاتصال الشخصيـ الذي كان يربطها بمنتسبيها، كما ان التطور الاجتماعي ونمو العلاقات الانسانية حدى بالعاملين بناء علاقات غير رسمية فيما بينهم. مبعثه وحدة الهدف والمصير لتواجه تنظيمات رسمية تقوم بمشيئة الادارة، تحكمها قواعد واوامر رسمية وتحدد مسؤوليات الافراد وواجباتهم. لقد سلبتهم صناعة اليوم علاقات شخصية كانت تربطهم بالإدارة فاتجهوا لتوحيد جهودهم وتنظيم انفسهم تنظيما غير رسمي له قواعده هو الاخر والتزاماته ولكنه غير محدد او معين، اساسه المشاعر والاحاسيس ووحدة الهدف.

* مقارنة بين التنظيم الرسمي والتنظيم غير الرسمي :

١) ينطلق التنظيم الرسمي من مبدأ تقسيم العمل والنشاطات ويؤدي لظهور الشكل الرسمي والخرائط التنظيمية. اما التنظيم غير الرسمي فيتمثل بالطريقة او الاسلوب الذي ستقوم فيها الإدارة بربط وجمع هذه النشاطات معا.

٢) حجم التنظيم الرسمي اكبر من حجم التنظيم غير الرسمي والسبب في ذلك يعود الى ان العضوية في التنظيم الرسمي مفروضة من الاعضاء فرضا، اما في التنظيم غير الرسمي فانها غير مفروضة.

٣) يساهم التنظيم الرسمي في وصف قنوات الاتصال التي تربط بين المستويات التنظيمية من القمة الى القاعدة، اما التنظيم غير الرسمي يعني انه من خلال التنظيم الرسمي تكون علاقات شخصية بين افراد التنظيم افقيا ورأسيا تؤدي الى ظهور هذا التنظيم.

٤) يتصف التنظيم الرسمي بالاستقرار في حين يتصف التنظيم غير الرسمي بعدم الاستقرار النسبي. ويرجع ذلك إلى أن التنظيم الرسمي يقوم على اسس واضحة التنظيم ولا يقوم على اكتاف افراد معينين، اما التنظيم الغير رسمي فيقوم على افراد وليس على اسس التنظيم، اضافة الى ذلك فان كثرة دخول الاعضاء الجدد وكثرة خروج الاعضاء القدامى تجعل هذا التنظيم اقل استقرارا.

٥) تركز السلطة في التنظيم الرسمي على الوظائف والسلطة تتـدفق مـن اعـلى الى اسـفل ولاعتبارات تمليها المنظمة فان الوصف الرسمي للوظيفة يحدد دور الفرد.

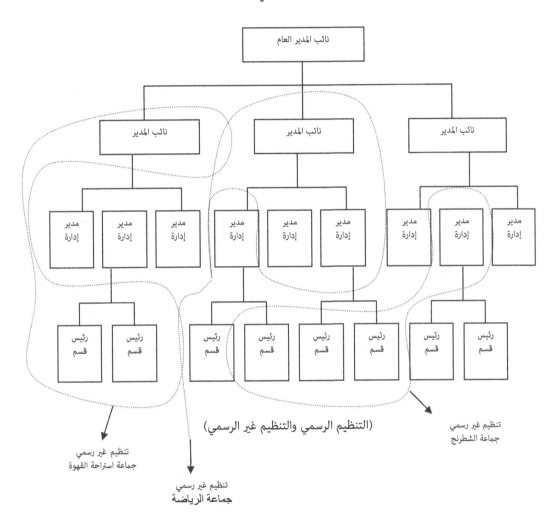

(التنظيم الرسمي والتنظيم غير الرسمي)

تنظيم غير رسمي
جماعة الشطرنج

تنظيم غير رسمي
جماعة استراحة القهوة

تنظيم غير رسمي
جماعة الرياضة

والتنظيم الغير رسمي يتمثل بتركيزه على الافراد اولا. والسـلطة تتـدفق مـن اعـلى اسفل الى اعلى اي يقوم الافراد التابعون باعطائها للقائد.

اسباب تكوين التنظيمات غير الرسمية :

١) الرغبة في الانتماء الى جماعات.

٢) الرغبة في تاسيس الامن والحماية.

٣) الرغبة في الحصول على بعض المزايا النسبية.

٤) الرغبة في الحصول على المساعدة والنصح والارشاد.

٥) الرغبة في التقرب الى اصحاب مراكز النفوذ (او كبار الموظفين).

٦) يتكون التنظيم غير الرسمي لسد الفراغ في الامور التي يعجز التنظيم الرسمي على ملئها.

***اهمية التنظيم غير الرسمي أو الاجتماعي:**

١) يعمل على تجسيد مطالب اعضائه ورفعها للادارة، كما يقاوم اي اضرار بحقوقهم المادية او المعنوية.

٢) يعتبر متنفسا لافراد المجموعة فيعبرون فيه عما يلاقون في المنظمة من متاعب ومشاكل ومشاعر احباط، ويتبادلون فيه الافكار والاراء حول الامور التي تهمهم.

٣) يمارس مهمة الرقابة الذاتية على اعضائه.

٤) يحقق لاعضائه مهمة الارتقاء بالذات عن طريق المحافظة على (اتساق الذات).

٥) يحاول تطوير سلوك اعضائه بعدة وسائل سلوكية حميدة كالنقد الذاتي، البناء الذي يباشره التنظيم في العضو الذي ينحرف عن القيم السليمة.

٦) يمكن الاستفادة منه كاحدى قنوات الاتصال بالنسبة للعاملين.

٧) يعتبر احد ديناميكيات انجاز العمل.

٧) هيكل التنظيم الرسمي والتقسيم الى ادارات -وجهة نظر موقفية(ظرفية):

ان اكثر الاساليب شيوعا واستخداما في انشاء علاقات رسمية بين الموارد هو بواسطة انشاء ادارات (او شعب او اقسام departments). ان عملية انشاء ادارات في المنظمة يطلق عليها التقسيم الى ادارات (departmentalization).

ان اسس التقسيم الى ادارات (التنظيم) يقوم على عوامل موقفية (ظرفية) مثل الوظائف التي يراد تغطيتها، العميل المستهدف، العملية التي تم تصميمها لتصنيع السلعة، او على اساس وقت العمل، او عدد العاملين، او مزيج من هذه العوامل. وفيما يلي فكرة مختصرة عن كل اساس من هذه الاسس :

١. التقسيم(التجميع) على اساس الوظائف :(BY FUNCTION)

ويعتبر اكثر شيوعا، وفيه يتم تجميع كافة الانشطة المرتبطة بمجال معين في وحدة ادارية واحدة، فتجمع الوظائف ذات الطبيعة الانتاجية المتشابهة في ادارة واحدة هي ادارة الانتاج، والنشاطات المالية في ادارة واحدة.وهكذا

ويمتاز هذا النمط من التقسيم بالاستفادة القصوى من التخصص، الى جانب سهولة الاشراف على الاعمال المتشابهة وسهولة القيام بالرقابة المركزية وذلك يؤدي الى توفير الوقت والجهد.

ومن عيوب هذا النوع من التقسيم صعوبة التنسيق لتعدد انواع الانشطة التي تقدمها المنظمة الى جانب الميل الى المركزية، وصعوبة اكتساب الخبرات الجديدة بالاضافة الى تضييق مجال العمل بالنسبة للمنشأة وللعامل، وزيادة عدد الفنيين والخبراء، وزيادة التكاليف الادارية.

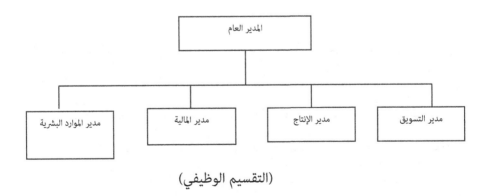

(التقسيم الوظيفي)

٢. التقسيم(التجميع) على اساس المنتج : (BY PRODUCT)

وهذا الاساس يقوم على الانشطة المرتبطة بسلعة ما او خط انتاج معين في وحدة ادارية واحدة ويستخدم في المنشأت الكبيرة وفيه يتم تجميع النشاطات حسب نوع السلعة والخدمة. ففي الاسواق الكبيرة يمكن ان نجد قسما للملبوسات الرجالية واخر للملبوسات النسائية واخر للسلع الكهربائية، وقد يكون لكل سلعة قسمها الخاص، كقسم للغسالات واخر للثلاجات.

ان هذا التنظيم يمكن الادارة العليا من في المنظمة من تفويض سلطة واسعة لرئيس القسم على وظائف الانتاج، التسويق، الخدمات....وغيرها التي تتعلق بسلعة معينة او بخط انتاجي معين.

ومن مزايا هذا النمط من التقسيم الاستفادة من التخصص، وتركيز الاهتمام والجهد على سلعة او على خط انتاجي معين، ويسمح بنمو وتنوع المنتجات والخدمات ويحدد مسؤولية تحقيق الربح على مستوى القسم، ويحسن التنسيق بين النشاطات الوظيفية (الوظائف)

ومن عيوبه: يؤدي ذلك الى زيادة في الاقسام لتعدد السلع اذ يتطلب لتنفيذه اشخاصا كثيرين من ذوي القدرات العالية مما يؤدي الى صعوبة التنسيق بين المسؤولين الكثيرين، وقد يؤدي التخصص الى صعوبة الحصول على الكفاءات اللازمة لادارة تلك الوظائف.

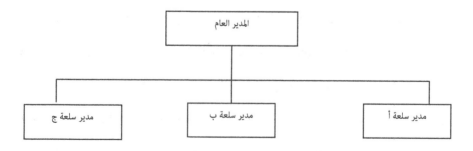

(التنظيم حسب نوع السلعة (على أساس المنتج))

١٢٧

٣. التقسيم (التجميع) على اساس العملاء ((BY CUSTOMER)):

ان الهيكل التنظيمي الذي يؤسس على اساس العملاء يتم تقسيمه الى ادارات كأستجابة لعملاء المنظمة الرئيسيين. يفترض هذا الهيكل انه يمكن تحديد العملاء الرئيسيين وبالتالي تقسيمهم الى مجموعات بطريقة منطقية، ويستخدم عندما تتعامل المنظمة مع عدة انواع من العملاء (الشباب والاطفال والنساء) مثل البنوك التجارية.

ان اهم مزايا هذا النوع من التقسيم تقديم خدمة متخصصة لكل نوع من انواع العملاء مما يؤدي الى التحسين في مبيعات المنظمة، وامكانية التنسيق بين العمليات المتعلقة بنوع معين من العملاء وكذلك دعم الخدمات المقدمة لهم.

اما اهم عيوبه فهي صعوبة تحقيق درجة كبيرة من التنسيق بين ادارات المنظمة القائمة على اساس العملاء وبين الادارات الاخرى القائمة على اسس اخرى. واحتمال ظهور طاقة انتاجية عاطلة سواء من حيث التسهيلات او من حيث القوى العاملة المتخصصة مما يؤدي الى زيادة تكاليف تقديم الخدمات للعملاء.

٤. التقسيم (التجميع) على اساس المنطقة الجغرافية: BY GEOGRAPHIC AREA

ان الهيكل التنظيمي الذي يتم تقسيمه الى ادارات طبقا للمكان الذي يتم العمل فيه على اساس منطقة السوق الجغرافي الذي يتم التركيز عليه من قبل المنظمة. حيث ان مناطق سوق المنظمة ومواقع عملها تتسع، فان المسافة بين الاماكن يمكن ان تجعل من مهمة الادارة صعبة ومزعجة للغاية.

ويمكن ايجاز اهم مزاياه في انها تمكن من اخذ العوامل المحلية بعين الاعتبار وعدم اهمالها من قبل المديرين عند اتخاذ القرارات، وقد تؤدي الى تخفيض تكاليف انجاز الاعمال مثل تخفيض تكاليف نقل المواد الاولية المتوفرة في المنطقة الى المصنع. وتعتبر المنظمة من احسن الاماكن التدريبية للمديرين حيث تتيح لهم فرصة الحصول على الخبرة الضرورية لرفع كفائتهم مما قد لا يتوفر لهم في المركز الرئيس للمنظمة.

اما عن عيوبه فتتمثل في صعوبة رقابة الادارة العليا لعمليات المنظمة بسبب وجودها في مناطق مختلفة وبعيدة عن المركز، واحتمال ازدواجية الخدمات التي يمكن ان تتكرر في المناطق المختلفة مثل الشراء والافراد مما يجعل من هذا النوع نموذج تنظيمي مكلف.وهناك مشاكل تتعلق بالتنسيق اللازم لتوحيد الجهود والتوفيق بين الحاجات المتعددة للمناطق المختلفة.

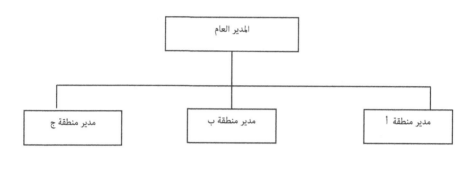

(التقسيم حسب المنطقة الجغرافية)

٥. التقسيم (التجميع) على اساس مرحلة الانتاج (العمليات): BY PHASE

وهنا يتم التقسيم الى ادرات طبقا لمراحل العمليات الصناعية المستخدمة في التصنيع اي ان كل ادارة فيها وضعت لتتولى القيام بمرحلة من مراحل العملية التصنيعية. في هذا النوع من التقسيم يتم احضار الافراد والمواد معا في مكان واحد مقابل القيام بعملية تصنيعية معينة، ثم ينتقل العمل الى مرحلة ثانية وثالثة..الخ في ادارات مختلفة الى ان تتم المراحل التصنيعية المختلفة والتي بانتهائها يتم تصنيع السلعة.

ان اهم مزايا هذا النوع من التقسيم هو الاستفادة من التخصص من الآلات والمعدات المتخصصة في كل ادارة، وكذلك من الايدي العاملة المتخصصة، والاستفادة من المهارات الخاصة المتوفرة لدى الافراد في كل ادارة، وانه يبسط ويسهل عملية التدريب.

اما اهم عيوبه فتتلخص في صعوبة التنسيق بين الادارات المختلفة، وصعوبة الاعتماد عليه كاساس للتقسيمات على المستوى الاداري الاول (الادارة العليا) وتنحصر

صلاحيته على المستويات الادارية الوسطى والدنيا، وهذا التقسيم غير مناسب لخلق وتطوير مديرين عامين.

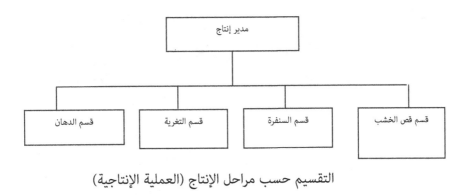

التقسيم حسب مراحل الإنتاج (العملية الإنتاجية)

٦. التقسيم (التجميع) على اساس وقت العمل :

ان تجميع النشاطات على اساس الوقت ومن ثم تقسيمها الى ادارات تعتبر مـن اقدم طرق التقسيم والـذي عـادة يستخدم في المستويات التنظيميـة الـدنيا.ان استخدام فترات العمل (الورديات shifts)شائع في كثير من المنظمات لاسباب اقتصادية، تكنولوجيـة او لاسباب اخرى لا يكفي يوم العمل العادي لانجاز العمل المطلوب انجازه.

ان اهم مزايا هذا النوع في انه يـتم تقـديم الخـدمات او الاسـتمرار في العمليـات الصناعية لمدة تزيد عن فترة العمل اليومي العادي المحددة بثماني ساعات في اليوم، حيـث يمكن في هذا النوع من التقسيم من القيام ببعض الاعمال ذات الطبيعة المستمرة والتي لا يستحسن توقفها، وكذلك يمكن استغلال الالات غالية الثمن لمدة تزيد عن ثمـاني سـاعات في اليوم، ويمكن ان يناسب هذا التقسيم بعض الناس الذين يلتزمـون بـاعمال اخرى في اثنـاء النهار مثل الطلاب.

اما عن عيوبه فقد لا يكون فيه اشراف دقيق ومحكم خلال فترات العمل الليليـة، وفيه ايضا عامل الارهاق على الافراد الذين يصعب عليهم تغييـر فتـرات عملهـم. بالاضافة

الى ان دفع اجور اضافية لفترات العمل الليلية يمكن ان تؤدي الى زيادة تكاليف السـلعة او الخدمة.

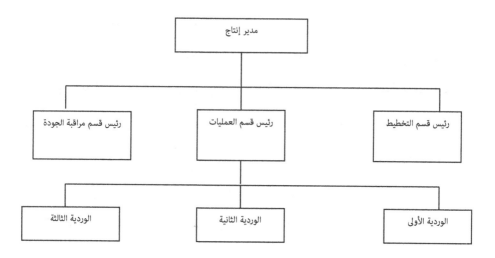

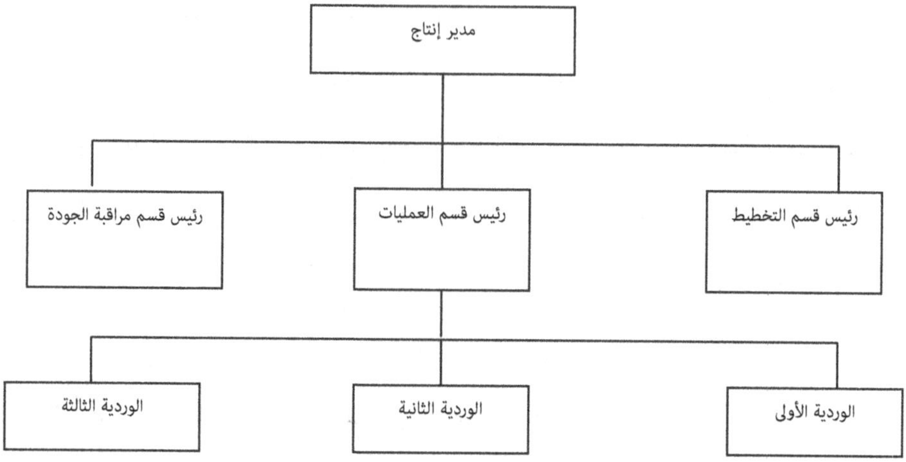

التقسم حسب وقت العمل

أشكال الخرائط

هنالك ثلاثة أشكال رئيسية للخرائط التنظيمية وهي: -

١- الخرائط الرأسية أو التقليدية (العمودية)

وهـذا الشـكل الأكـثر شـيوعاً ويسـتخدم عـلى نطـاق واسـع في معظم المـنظمات الحكومية والخاصة. وفي هذا النوع من الخرائط فإن السلطة وخطوطها تنسـاب مـن أعـلى إلى أسفل. وكبار الموظفين الذين لهم سلطة إعطاء الأوامـر والتعليمات يكونـون عـلى رأس القمة ويليهم الموظفيون في الإدارة الوسطى ثم الموظفون التنفيذيون في الإدارة الدنيا.

ومن مزايا هذا النوع:

● أنها تبين الوظائف الإدارية التي هي في مستوى واحد بسهولة.

● تبين الرؤساء والمرؤوسين بوضوح.

أما الإنتقادات التي وجهت إليها:

● أنها قد تترك أثراً نفسياً غير مستحب عند المرؤوسين في المستويات الإدارية الدنيا.

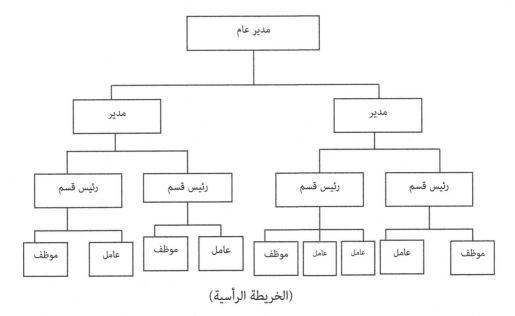

(الخريطة الرأسية)

٢- الخرائط الأفقية

وهذا الشكل يكون من اليمين إلى اليسار. والسلطة تكون من اليمين إلى اليسار فالإدارة العليا تكون أقصى اليمين ثم تليها الإدارة الوسطى. ومن ثم الإدارة الدنيا التنفيذية. وكذلك يكون انسيابها بما يتفق وحركة العين الطبيعية وعادات القراءة.

(الخريطة الأفقية)

٣- الخرائط الدائرية

وتكون من المراكز إلى المحيط: حيث تقع السلطة في المركز بينما تـوزع الوحـدات التنظيمية بين المركز والمحيط تبعاً لمستواها التنظيمي.

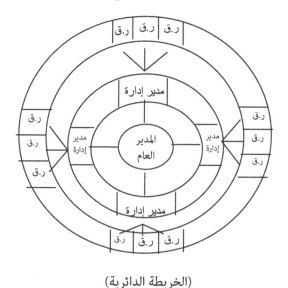

(الخريطة الدائرية)

الوحدة السادسة

السلطة والمسؤولية

السلطة والمسؤولية authority and responsibility

تعد السلطة والمسؤولية داخل المنظمة من الأمور المهمة والجوهرية في مجال التنظيم الإداري فهي تعني أن لدى المدير الحق والقوة في إصدار الأوامر والتعليمات واتخاذ القرارات ومسؤولية محددة ناجمة عن ذلك وهذه الأمور تشكل العمود الفقري لعمل الإداري فهي مهمة لتنفيذ وتسيير العمل فالتنظيم الإداري ليس مجرد تحديد الوحدات الإدارية ومهامها وتوفير مستلزماتها المادية فحسب بل هو تحديد علاقات الوحدات مع بعضها البعض وتنظيم العلاقات بين الأفراد وهذ لايكون إلا من خلال السلطة والمسؤولية التي ترسم وتحدد العلاقات رأسيا وأفقيا ضمن الهيكل التنظيمي لأي منظمة

مفهوم السلطة :

الفكرة الأساسية التي تدور حولها تعريفات السلطة هي :أن السلطة عبارة عن حق شرعي رسمي يمتلكه شخص ما هو الرئيس أو المدير من خلال شغله لوظيفة إدارية رسمية داخل المنظمة، فعن طريقها يكتسب القوة والنفوذ في إلزام الأخرين بالطاعة والإمتثال في تنفيذ ما يطلبه، من أجل تسيير عمل ما وتحقيق هدفه.

العلماء الذين عرفوا السلطة :

سيمون ويعرفها: بأنها قدرة صنع القرارات التي تواجه نشاطات الاخرين وهي تمثل العلاقة بين فردين أحدهما المشرف الذي يصنع القرارات ويتوقع قبولها من التابع، والتابع هو الذي يتوقع مثل هذه القرارات ويتحدد نشاطه بناءً عليها وحدوث مثل هذا السلوك من قبل الطرفين يعني وجود لعلاقات السلطة بين الأشخاص.

برنارد: يصفها بما يسميه القبول وهذا يعني إذا تم القيام بالسلطة إلى ما بعد نقطة معينة (نقطة القبول) لدى المرؤوسين فإننا يجب أن نتوقع إمكانية عصيان هذه السلطة وتعتمد درحة القبول أو مداها على درجة الردع أو وسائل العقاب التي يمتلكها صاحب السلطة في تنفيذ أوامره وكلمة وسائل العقاب يجب تفسيرها بصورة عامة لا لمعنى

الوسائل السلبية فقط بل يجب استعمالها بمدلول إيجابي كالإثارة المحايدة مثل : وحدة الهدف والإتجاهات والقيادة فهذه ايضاً وسائل ولكنها إيجابية لتقبل السلطة كما الوسائل السلبية الأخرى.

أما أول من اهتم بتطوير السلطة فهو ماكس فيبر وكان مرد اهتمامه بمفهوم السلطة الإهتمام بطاعة الأوامر من قبل الأفراد في التنظيمات وقد ميز بين السلطة والقدرة فالثانية تعني قدرة إجبار الأفراد على الإطاعة بغض النظر عن المقاومة التي يبديها المرؤوسين أما السلطة فهي إطاعة المرؤوسين للرؤساء بشكل اختياري وهي حق الرئيس الشرعي والقانوني بالإطاعة من قبل المرؤوسين.

اهم النقاط التي تشكل مضمون ومفهوم السلطة :

السلطة قوة رسمية يستمدها المدير من خلال شغله لمنصب إداري وهذه القوة تعطيه الحق في الحصول على الامتثال والطاعة من قبل المرؤوسين للأوامر والتعليمات التي يصدرها، واتخاذ قرارات تكون ملزمة للأخرين، والحصول على العمل من قبل الأخرين وفق ما يريده في سبيل تحقيق الأهداف المطلوبة منه.

السلطة علاقة وظيفية رسمية تربط المرؤوسين بالرؤساء.

السلطة تربط قمة الهرم التنظيمي بقاعدته من خلال خط يدعى خط السلطة الرسمية التي تنساب منه أو من خلاله الأوامر، والتعليمات، والتوجيهات والقرارات الملزمة التنفيذ.

يحق لصاحب السلطة أن يفوض سلطته لشخص اخر يعمل تحت رئاسته وإشرافه، وهذا التفويض لا يعفيه من المسؤولية عندما يخطئ المفوض.

السلطة تعطي صاحبها (باعتبارها قوة رسمية) الحق في فرض العقوبات ومنح المكافات للحصول على الطاعة وإتمام العمل المطلوب.

هنك علاقة بين السلطة والقوة التي بواسطتها نجعل السلطة وما تصدره من اوامر حيز التنفيذ. فالقوة هي القدرة أو الطاقة في التغلب على المقاومة وتقديم التغيير بالرغم من المعارضة. وقد وسع الإجتماعيون مفهومها من خلال العلاقة القائمة بين الأفراد إلى

العلاقات القائمة بين الجماعات على أنها القـدرة الموجـودة أدى مجموعـة واحـدة تجعلهـا تؤثر في مجموعة اخرى أو تغيير سلوكها، والفرق بين السلطة والقوة هو : حيث أن السلطة هي الحق ان تدير وتوجه وتبقى ساكنة مالم يكن لدى الفـرد أو الجماعـة القـدرة (القـوة) لممارستها بأسلوب ينتج عنه تغيير سلوك الأخرين.

مصادر السلطة :

المصدر الرسمي : وتسمى السلطة النابعة من هذا المصدر بالسلطة الرسـمية التـي يستمدها صاحبها من خلال الوظيفة التي يشغلها ضـمن سلسـلة مـن الأوامـر التنظيميـة داخل المنظمة، وهذه السلطة يمنحهـا القـانون في الجهـاز الحكـومي، والنظـام الـداخلي في المنظمات ذات الملكية الخاصة، الذي يضعه ملاكها، وهـذه السـلطة تخـول فـرض العقوبـة والمكافأة للحصول على الطاعة والإمتثال، كوسيلة للرقابة والسيطرة على العمل.

المصدر الغير رسمي: وتتسـم السـلطة هنـا بالسـلطة الغـير رسـمية وتسـتمد مـن المصادر التالية :

الشخصية : يتمثل هذا المصدر في قوة الشخصية والصـفات التـي يـتحلى بهـا صـاحب السلطة، وحين تعامله مع مرؤوسيه، وقيادته الديموقراطيـة لهـم حيـث يـؤدي ذلـك إلى رفـع درجه الثقة ما بين صاحب السلطة ومن يمارس السلطة عليهم ويجعلهـم ينفـذون مـا يطلـب منهم عن رغبةوقناعة، وهذا ما أسماه بقبول السلطة، وتؤكد الإدارة الحديثـة هـذا الإتجـاه ألا يعتمد المدير على السلطة الرسمية فقط للحصول على الطاعة والإمتثال من قبل مرؤوسيه بـل الإعتماد على عملية الإقناع وإحداث الرغبة لديهم لتنفيذ ما يطلب مـنهم عـن قبـول وقناعـة، فاستخدام السلطة الرسمية فقط أثبت عدم جدواه في التطبيق والممارسة العملية.

المقدرة والمهارة الفنية : تمثل ما يتمتع به صاحب السلطة من إلمام ومهـارة وخـبرة فنية في العمل، تكسبه احترام وتقدير مرؤوسيه، بما يؤهله لأن يطلب فيطاع ممن يرأسـهم احتراما لخبرته في العمل.

مهارة التعامل مع الأخرين : صاحب السلطة الذي يتقن فن التعامل مع الأخرين واكتساب محبتهم، ولا شك أن ذلك يكسبه التأثير في سلوكهم، ويحصل منهم على الطاعة والإمتثال نتيجة هذه المحبة التي يكنها له مرؤوسوه له.

ومن المهم معرفة أن السلطة الرسمية والسلطة الغير الرسمية يكمل كل منهما الاخر.

وهناك مصادر اخرى للسلطة ناتجة عن الإتجاهات أو النظريات في مصادر السلطة وهي :

اولا :السلطة الشرعية بموجب حق الملكية : يؤكد هذا الإتجاه على حق المالك باتخاذ القرارات الخاصة بكيفية استخدام ملكه بموجب حق الملكية وهو حق تضمنه القوانين والتشريعات والأعراف الإجتماعية، وفي إدارة الأعمال يفوض المالكون هذا الحق لمجلس الإدارة الذي يقوم بتفويض سلطتهم أوجزءاً منها إلى المدير العام بحيث تتدرج السلطة من اعلى إلى أسفل بحيث يستمد كل مستوى تنظيمي سلطته من المستوى الأعلى منه.

ثانيا :قبول المرؤوسين للسلطة : يؤكد هذا الإتجاه على العلاقة القائمة بين الأفراد عندما يقبل أحدهم التوجيه الصادر من الرئيس. أي أن الرئيس لا يكتسب السلطة إلا بعد موافقة المرؤسين والتزامهم بهذه السلطة.

ثالثا :السلطة الشخصية : وقد تم الإشارة إليها سابقا ولكن أهم ما يميزها هو اكتساب الفرد سلطة معينة اتجاه الأخرين بأن يكون ماهراً وخبيراً في مجال عمله والسلطة هي القوة والقدرة المستمدة من القوة المالية أو الجسمية او المعلومات وغيرها.

فاعلية السلطة :

القيود التي تحد من فاعلية السلطة :

قبول المرؤوس : اي أن يكون صاحب السلطة مقبولاً ممن يرأسهم وجديرا بالإحترام والتقدير، وعدم قبول السلطة لا يعني إلغاءها، بل التقليل من فاعليتها.

السلطة الاعلى : حيث أن السلطة ليست كاملة فهي دائما تخضع لقيود تفرض من السلطة الاعلى فأعمال المديرين تخضع للمراجعة والقيود من قبل مجلس إدارتها انطلاقا من سلطتهم العليا عليه، والمجلس بدوره يخضع للسلطة القانونية لمالكي الشركة فالشركات تضع قيودا على سلطة المديرين وذلك عن طريق وضع السياسات والإجراءات التي قد تخوله صلاحيات معينة ولا تخوله ممارسة صلاحيات أخرى بدون الحصول على الموافقة من السلطة الأعلى.

تداخل السلطة : وهو التداخل ما بين سلطتين ناتج عن الخلاف فيما بينهما ويكون أحدهما سلطته أقوى من الأخرى فمثلاً للمنشأة الحق في تحديد الرواتب والأجور، وفي الوقت نفسه للنقابة حق التدخل لحماية حقوق أعضائها ومصالحهم والدفاع عنهم فيمكن لها أن تأمر العمال بالإضراب ويتحدد نجاح الإضراب بخضوع المنشأة لمطالب النقابة إما جزئيا او كليا، وعلى اية حال لا تلغى السلطة بواسطة صراع القوتين عندما يحدث تداخل بينهما بل إن هذا يعني إيقافا أو تعطيلا مؤقتا أو جزئيا لإحدى السلطتين ريثما تشتد وتقوى السلطة الأخرى مرة ثانية.

مقدرة المرؤوس : وهي مقدرة المرؤوس الذهنية والفسيولوجية (الجسمية)، أي أن تكون الأوامر ضمن إمكانيات المرؤوسين التي يمتلكونها لكي تكون السلطة مقبولة من قبل المرؤوسين.

نطاق السلطة : وهو الحق في اتخاذ القرار وحرية التصرف والقوة في اصدار الأوامر للأخرين وإلزامهم بها يكون واسعا وكبيرا في قمة الهرم التنظيمي الذي يتمثل بالمدير العام الذي يعتبر منبع السلطة الرسمية والأساسية، فله الحق في إصدار الأوامر للجميع واتخاذ

القرارات الملزمة لكافة الأعضاء داخل المنظمة، ويقل نطاق السلطة ويضيق كلما اتجهنا من القمة إلى القاعدة.

أنواع السلطة :

هناك أربع أنواع للسلطة الإدارية في القطاع الخاص وهي :

١) السلطة التنفيذية   line Authority

٢) السلطة الاستشارية   staff Authority

٣) السلطة الوظيفية   functional Authority

٤) سلطة اللجان   committee Authority

أما في القطاع العام فيضاف إلى هذه الأنواع :

١. السلطة التشريعية وتتمثل في مجلس الأمة.

٢. السلطة القضائية وتتمثل في المحاكم.

وسنتناول السلطات الأربع الاولى بالتوضيح والتفصيل :

اولا : السلطة التنفيذية : وهي أهم أنواع السلطة التي لها الحق في اصدار الأوامر واتخاذ القرارات الملزمة للاخرين والسلطة التنفيذية تنساب في المنظمة من أعلى إلى أسفل وهو ما يدل على السلطة بحيث تنساب الأوامر بسلسلة من العلاقات الرسمية من قمة الهرم التنظيمي حتى قاعدته وهذه السلطة تسهم بشكل مباشر في تنفيذ العمل وتحقيق اهدافه، وقد اطلق على هذا النوع من السلطة تسمية اخرى وهي : السلطة التشغيلية المباشرة وعليه فإنه بموجب السلطة التنفيذية وعبر المستويات التنظيمية، يصبح كل رئيس رئيسا للمستوى الأدنى ومرؤوسا للمستوى الأعلى.

ثانيا : السلطة الإستشارية : وهـي سـلطة مسـاعدة في المنظمـة بموجبها يحـق لصاحبها اصدار تعليمات وتوجيهات على سبيل تقديم النصح والمشورة، وتكون غير ملزمـة التنفيذ من الاخرين ودون حق اصدار الأوامر والرقابة وهـي ضروريـة للسـلطة التنفيذيـة حيث تقدم لها المشورة الفنية اللازمة قبل اتخاذ القرارات، والسلطة الإستشارية قـد يكـون صاحبها فردا ويطلق عليـه مستشار أو وحـدة إداريـة بحيـث تسـاعد التنفيذيين بتقديم المقترحات والآراء والمعلومات.

ويمكن أن توجد الوحـدات الإستشـارية في أي مسـتوى تنظيمـي بحيـث تخدم أي مسـتوى واكثر ما تكون في الإدارة العليا وكلما كبر حجـم المنظمـة ازدادت الحاجـة للسـلطة الإستشارية والعكس هو الصحيح ففي المنظمات الصغيرة يمكن لشخص واحد وهو المـدير في قمة الهرم التنظيمي ان يتولى تنسيق كل جهـود العـاملين مـع العلـم أن هـذا التشـكيل الصغير نادر الوجود في المنظمات الصناعية وخاصة في الدول المتقدمة، وهنـاك نـوعين مـن المستشارين فقد يكون هناك مستشار شخصي وهو الـذي يقدم خدمـة فرديـة قـد تكـون عامة او محددة، ومهمته بالنسبة لرئيسه هـي مسـاعدته في البحـث عـن مواقع المشـاكل ومحاولة التغلب عليها، اما المستشار المتخصص فهو الذي يقدم خدماته للمنظمـة كلهـا او لمستوى إداري معين.

وبالرغم من وجود فروق بين السلطة التنفيذية والإستشارية على المستوى النظري إلا أنه ليس كذلك في الحياة العملية وذلك بسبب صعوبة تحديـد إذا مـا كانـت الوظـائف إدارية أو تنفيذية وبالتالي يقع على عاتق الإدارة العليا التنسيق بينهما بتعريف كـل مـنهما بطبيعة عمله وتحديد مسؤوليات كل منهم وواجباته وحل خلافاتهم بشكل مباشر بعقد الإجتماعات بين الفريقين فالصراع الرئيسي الـذي يحـدث داخل المنظمـة هـو الصراع بـين هاتين السلطتين.

ثالثا :السلطة الوظيفية : ويطلق عليها بعضهم اسم (السلطة التخصصية) وبموجبها يحق لصاحبها اصدار الأوامر داخل المنظمة تكون ملزمة التنفيذ لهم لكن ضمن نطاق تخصصه، وأن كانوا يعملون تحت رئاسة غير رئاسته.

فمدير الصيانة مثلا يحق له اصدار اوامر فنية في مجال الصيانة لأفراد يعملون في ادارة الإنتاج للإشراف على صيانة الآلات، ويبرر ذلك بأن معرفته وإتقانه لخصوصية هذه التعليمات يستدعي تفويض لهذه السلطة، وهذا النوع من السلطة غير مرغوب استخدامه في المنظمات إلا عندما تقتضي الضرورة، وهي تكون مقيدة لأن تفويضها تؤدي إلى إضعاف سلطة المديرين التنفيذين، وإلى تعقيد علاقات السلطة الإدارية، وهي ايضا تحدث ازدواجية في السلطة وإصدار الأوامر، فعامل الصيانة في هذه الحالة يتلقى اوامر من رئيسين الأول مدير الإنتاج والثاني مدير الصيانة وهذا قد يحدث لديه ارتباك في تنفيذ الاوامر التي يمكن ان تكون متضاربة فيما بينها لذلك اصبح يفضل أن تمر التعليمات الفنية من خلال المدير التنفيذي ومن ثم إلى مرؤوسيه.

رابعا : سلطة اللجان : تعرف اللجنة (committee) بأنها مجموعة من الأفراد إثنان أو أكثر تشكل بهدف جمع معلومات او اتخاذ قرار او معالجة مشكلة محددة او مناقشة موضوع او موضوعات معينة، ويتم الإجتماع وفق خطة معينة وقد تكون اللجنة :

- رسمية : وذلك عندما تكون جزءا من الهيكل التنظيمي الرسمي ويعهد إليها بمهمات وتخول صلاحيات واضحة محددة.
- غير رسمية : حين يتم تشكيلها بصفة شخصية وغير رسمية.
- تنفيذية : إذا كان لها الحق في اتخاذ القرار.
- استشارية : اذا كانت مهمتها تقتصر على تقديم الإستشارة.
- مؤقتة : فهي اللجنة التي ينتهي وجودها حين تنتهي المهمة التي تكونت من اجلها.

- **دائمة : هي التي لها مسؤولية مستمرة في مجال معين.**

واستخدام اللجان أمر شائع في الأعمال الإدارية وعلى كل المستويات التنظيمية العليا و المتوسطة والدنيا.

مزايا استخدام اللجان :

وسيلة لخلق أفكار جديدة عن طريق التبادل الفكري بين الأفراد.

وسيلة لتبادل المعلومات.

خلق روح التعاون وبناء جو ديمقراطي يعطي فرصة للتشاور في الرأي.

دراسة المشاكل من وجهات نظر متعددة وتمثيل المصالح المختلفة.

التنسيق بين المهارات المتعددة في المنظمة.

الأمثلة على اللجان كثيرة ومتنوعة مثل مجلس إدارة المنظمة فهو لجنة، وهناك لجان الترقية والتسعير والتسويق والتنظيم والتدريب وغيرها.

أما عيوب اللجان :

مكلفة من حيث الوقت والمال.

مدعاة للتأخير في اتخاذ القرارات.

معرضة لعدم الوصول إلى قرار أو الوصول إلى حل وسط.

إمكانية انفراد أحد أفرادها بمركز القوة او الضغط الذي قد يقضي على فاعليتها.

تجنب المدير اتخاذ قرار ما. ويمكن التغلب على هذه العيوب باتباع ما يلي:

تحديد واجبات اللجنة وسلطاتها ومهامها ونطاق عملها ونشاطها.

حسن اختيار اعضاء اللجنة المؤهلين وذوي العلاقة بالمشكلة او الموضوع الذي تشكلت اللجنة من أجل إيجاد حل له.

حسن اختيار رئيس اللجنة أو مقررها.

دعم اللجنة بالخدمات الإدارية أو الفنية التي قد تحتاج إليها.

وضع إجراءات عمل وجدول زمني محدد ومعروف للأطراف المعنية كافة.

جعل قرارات اللجنة تصدر بأغلبية الأعضاء فيها، وإذا كان هناك رأي للأقلية فإنه يؤخذ بعين الإعتبار.

تفويض السلطة :

وهي نقل حق التصرف واتخاذ القرار من الرئيس الأعلى لمرؤوسيه في نطاق محدد يضعه صاحب السلطة وبالقدر اللازم لإنجاز مهمات معينة والتفويض كعملية تنظيمية لا يتم فقط من قبل فرد لاخر، بل قد يكون من وحدة تنظيمية لأخرى لأجل تحقيق واجبات ومهمات معينة، وتفويض السلطة لا يتم إلا من قبل من يمتلكها فهي حق قانوني شرعي لا يجوز التصرف إلا من صاحبه، ويجب الإشارة أنه لا يوجد تفويض كامل للسلطة من الرئيس لمرؤوسه بحيث يعد تنازلا عن مركزه لمرؤوسه ويأخذ تفويض السلطة شكلين رئيسين وهما :

١. **الشكل الشفهي**: وهو تكليف الرئيس لمرؤوسه بإنجاز العمل و إعطائه السلطة التي تساعده على هذا الإنجاز شفهيا في مقابلة بينهما او عن طريق الهاتف وهذا الشكل له خطورته لأنه قد لا تتضح صورة التفويض وحدوده تماما لدى المرؤوس.

٢. **الشكل الكتابي**: حيث يجري التفويض بموجب مذكرة رسمية صادرة عن الرئيس لمرؤسه يحدد له نطاق السلطة التي سوف يعمل ضمنها، وهذا الشكل اكثر دقة ووضوحا من الشكل السابق.

وعليه يمكن القول أن التفويض أمر حتمي وضروري فلا تكون السلطة متجمعة في قمة الهرم التنظيمي، فالمدير لا يمكن له الإلمام بكل الإختصاصات والأعمال داخل المنظمة ووقته أيضا لا يسمح بذلك لذا لا بد له من تفويض جزءا من سلطاته لمرؤوسيه وهذا ينطبق على أي مدير في أي مستوى إداري، وهذا يساعد الإداري بتوسيع نطاق عمله وإشرافه

وفي الوقت نفسه يسمح له ان يركز على الأمور والقرارات ذات الاهمية الكبيرة بدلاً من تأخير العمل فيما إذا كانت كل السلطة مركزة في يد المدير.

ولا شك أن تفويض السلطة لدى المديرين في المستويات الإدارية يعطي شعوراً بوحدة المسؤولية انطلاقا من أن المسؤولية لا تفوض، وتخضع المديرين في المستويات الأدنى لعملية الصقل والتدريب على اتخاذ القرارات وهذا يكشف المرؤزسين الذين لديهم الإستعداد للترقية من خلال تعرضهم لمسؤولية اتخاذ القرارولكن قد يؤخذ عليه سوء استخدام السلطة المفوضة وتعدد مركز المسؤولية والإفراط فيه دون تقويم لقدرات العاملين يؤدي إلى نتائج غير متوقعة في العمل.

ولذا فعند قيام اي رئيس في أي مستوى إداري بتفويض مرؤوسيه جزءا من سلطاته ونتيجة لذلك التفويض فإن المرؤوس يحصل على حق اتخاذ القرار والبت في الامور ولكن في الوقت نفسه يبقى الرئيس محتفظا بسلطته الاصلية ويمكن أن يستردها أو يسحبها من المرؤوس ثانية وهذا ما يسمى بسحب السلطة او استرجاع السلطة لان التفويض هو إنابة المرؤوس في التصرف وليس تنازلا عن حق التصرف بشكل نهائي لذا فإن على إدارة المنظمة أن تراعي عدة مبادئ في تفويض السلطة ومن أهم تلك المبادئ

١. تحديد الواجبات التي يفوضها الرئيس لمرؤوسيه المباشرين، أو تعيينها بشكل واضح ومتناسب مع إمكانياتهم وقدراتهم.

٢. منح المرؤوس الذي تم تحديد واجباته السلطة أو الصلاحية الكافية لأداء هذه الواجبات وذلك بتوفير الإمكانات المادية والبشرية مع إعطاء حق اتخاذالقرارات وإصدار التعليمات للقيام بالواجبات.

٣. خلق إلتزام جديد لدى المرؤوسين تجاه رئيسهم بتادية الواجبات التي تم تحديدها ولا يكون هذا الإلتزام على هذه الواجبات فقط، ولا بد من المساواة بين السلطة الممنوحة والمسؤولية بحيث لا تكون السلطة أوسع او أقل مما تتطلبه هذه الواجبات أو المهام والمسؤولية عنها.

المركزية واللامركزية: Centralization and decentralization

المركزيـة واللامركزيـة مسـألة تتعلـق بتنظـيم السـلطة داخـل الهيكـل التنظيمـي للمنظمة عبر مستوياتها التنظيميةوبالتالي فإن مركزية السلطة تعني : الرغبـة والميـل عـلى تركيزها في جهة أو جهات قليلة ومحددة داخل الهيكل التنظيمي للمنظمة وجعـل عمليـة اتخاذ القرارات وتصريف الأمور محصورة فيها.

أما اللامركزية فهي تعني: الرغبة والميل إلى تشتيت وتوزيع السـلطة عـلى افـراد أو جهات متعددة عبرالمستويات الإدارية داخل المنظمة بشكل يسمح لهذه الجهات بتصريف الأمور واتخاذ القرارات.

والمركزيـة والامركزيـة هـما نتيجـة لعمليـة تفـويض السـلطة، وكلـما كانـت درجـة التفويض عالية نتج لدينا لامركزية وكلما كانـت منخفضـة كانـت مركزيـة ولكـن في الحيـاة العملية لا يوجد مركزية كاملة أولا مركزية كاملة بل يوجد مركزية نسبية.

العوامل التي تلعب دورا في تحديد درجة المركزية واللامركزية في المنظمة:

١. **تكلفة القرار وخطورته:** فعندما تكون تكلفة القرار علية وتأثيره يشمل امـورا هامـة، يظهر الإتجاه أو الرغبـة في جعـل عمليـة اتخـاذه تـتم بشـكل مركـزي فـإن صـاحب السلطة في هذه الحالة نتيجة ان المسؤولية لا تفوض وذلك خوفا من تفويض سـلطة اتخاذ القرار لشخص آخر.

٢. **حجم المنظمة:** إن صغر حجم المنظمة يتيح الفرصة للإتجـاه نحـو المركزيـة، حيـث تكون عملية الإتصال سهلة وعدد العاملين وحجم العمـل لـيس كبـيرا. أمـا عنـدما تكون المنظمة كبيرة وهيكلها التنظيمي واسعا، ومستوياتها الإدارية متعددة،

وخطوط الإتصال طويلة، فمن الطبيعي أن يكون الإتجاه نحو اللامركزية لأن المركزية ستؤدي إلى تعطيل العمل وتأخير تنفيذه.

٣. **تكلفة القرار وخطورته:** فعندما تكون تكلفة القرار علية وتأثيره يشمل امورا هامة، يظهر الإتجاه أو الرغبة في جعل عملية اتخاذه تتم بشكل مركزي فإن صاحب السلطة في هذه الحالة نتيجة ان المسؤولية لا تفوض وذلك خوفا من تفويض سلطة اتخاذ القرار لشخص آخر.

٤. **حجم المنظمة:** إن صغر حجم المنظمة يتيح الفرصة للإتجاه نحو المركزية، حيث تكون عملية الإتصال سهلة وعدد العاملين وحجم العمل ليس كبيرا. أما عندما تكون المنظمة كبيرة وهيكلها التنظيمي واسعا، ومستوياتها الإدارية متعددة، **الاتجاه العام للمنظمة:** وهذا يعني رغبة الإدارة العليا في تفويض السلطة ووجود هذه الرغبة يظهر الإتجاه نحو اللامركزية والعكس هو الصحيح.

٥. **مركزية ولا مركزية الأداء:** أي أن بعض المنظمات يكون عمله غير محصورا في منطقة جغرافية واحدة بل يشمل مناطق متعددة بشكل يستدعي وجود مركز رئيسي- لها وفروع في المناطق الجغرافية التي فيها نشاط فيها وهذا ما يطلق عليه بلا مركزية الأداء التي تتطلب لا مركزية السلطة لتسهيل العمل وعدم البطئ في تنفيذه فلا يمكن للفروع الرجوع إلى المصدر الرئيسي لتصريف الأمور. أما في حالة كونها تتصف بمركزية الأداء فلا مانع ان تتوجه السلطة ألى مركزية السلطة اذا كانت ظروفها تسمح بذلك، ولكن يمكن ان يكون هناك لامركزية في الاداء ومركزية في السلطة فمثلا قد تفوض وزارة الداخلية المحافظات بإعداد وتنظيم جوازات السفر فيها ولكن يجب أن ترسل طلبات الحصول على الجوازات السفر إلى العاصمة قبل تنظيمها من أجل الحصول على موافقة الوزارة.

٦. **كفاءة وخبرة من سيفوض إليهم السلطة:** عند توفر مستوى عال من الكفاءة لدى من سيفوض إليهم السلطة سيشعر ادارة المنظمة بالطمأنينة لأن تتوجه إلى

اللامركزية على اعتبار أهلية وكفاءة من ستفوض إليهم السلطة، اما اذا كان المستوى منخفضا فلا شك أن المنظمة ستميل نحو المركزية لخوفها من كثرة الأخطاء وتعددها.

٧. **كفاءة عملية الرقابة وأساليبها:** إن رغبة المنظمة في اتباع المركزية او اللامركزية يحدد مدى الحاجة إلى عملية الرقابة وأساليبها الفعالة لمراقبة من فوضت إليهم السلطة، ففي اللامركزية لا بد من وجود الرقابة الفعالة للتأكد من سير العمل على الوجه المطلوب وعدم وجود إساءة في استخدام السلطة المفوضة، وفي حال افتقار المنظمة للرقابة الفعالة يصبح الميل في هذه الحالة إلى استخدام السلطة المركزية لتصريف الامور تحت الإشراف المباشر لأصحاب السلطة لإبعاد الخوف والقلق عنهم لأن تفويض السلطة لا ينفي المسؤولية على من فوضها.

٨. **مستوى الثقة السائد في المنظمة:** إن درجة الثقة بين الرؤساء والمرؤوسين لها دور كبير في عملية تفويض السلطة ومن ثم الميل للمركزية واللامركزية فعندماتكون الثقة عالية بين الطرفين يكون الاتجاه السائد في المنظمة هو اللامركزية والعكس من ذلك صحيح.

٩. **الرغبة في توحيد سياسات العمل:** بعض المنظمات ترغب في توحيد بعض سياساتها التسويقية في فروعها مثلا، حيث ترغب في ان يعامل زبائنها معاملة واحدة من حيث تقديم الخدمات الإضافية المصاحبة للسلعة المباعة لهم. في هذه الحالة نجد أن المركزية تناسب اكثر من اللامركزية.

أسباب تطبيق اللامركزية في الإدارة:

١. أن النظم الإدارية موروث استعماري جاء لإحكام السيطرة على البلاد المستعمرة وتسهيل استغلال مواردها الطبيعية المختلفة.

٢. أن عملية التنمية لا تتحقق فقط اذاموررست من اعلى الى اسفل وإنما تتطلب مشاركة فاعلة من الجهات المستهدفة.

٣. ان عملية التنمية عملية متشابكة ومتشعبة ولا يمكن تنفيذها ومتابعتها من خلال المركز فقط.

إن اللامركزية تتمثل في التنازل عن جزء من سلطاتها للوحدات الإدارية المحلية وهذه السلطات هي السلطات السياسية والإدارية والقانونية فتكون مسؤولية الهيئات الرسمية وشبه الرسمية والمنظمات الغير حكومية وبناءا على ذلك يمكن التمييز بين اربع انواع من انواع اللامركزية :

١. توزيع المهام : وهو اعادة توزيع المهام داخل الحكومة المركزية اي توزيع القرار بين مؤسسات الجهاز الإداري الحكومي الهرمي الشكل، والهدف هو عدم تركز المسؤوليات الدارية في أيدي جهة معينة من الحكومة المركزية دون غيرها مع التركيز على أن نقل سلطة التخطيط وصنع القرار تقتصر على الجهات والهيئات الحكومية ولا تكون غيرها.

الملفت للنظر ان بعض الأقطار العربية ترى أن اللامركزية على أنها نقل لبعض الأعمال من المؤسسات الحكومية المركزية إلى فروع هذه الهيئات والوزارات في الأقاليم خارج العاصمة وبدون ان يرافق ذلك نقل سلطة صنع القرار الخاص بهذه الاعمال إلى هذه الفروع وفي الواقع يعتبر هذا الإجراء الخطوة الأولى على طريق إعادة توزيع المهام ولكن لا بد أن يتبعه خطوات اخرى تتمثل في توزيع السلطة، واذا ما رافق ذلك مثل هذا النوع من توزيع المهام توزيع الجزء من سلطة صنع القرار الخاص بالتخطيط فيمكن تسمية ذلك بالإدارة الميدانية حيث يقوم بهذه الإدارة افراد مستخدمين من قبل الإدارة المركزية ويخضعون لرقابتها ونظامها وفريق الإدارة الميداني هذا يمكن ان يقوم ببعض التخطيط مثل اصدار القرارات الروتينية وتعديل تعليمات الحكومة المركزية بما يناسب الأوضاع المثالية في المنطقة وهنا يمكن التمييز بين الإدارة المدنية والإدارة المحلية التي هي شكل من اشكال الوكالة الحكومية حيث الوزارات في الأقاليم بمثابة اداة تنفيذ القرارات الحكومية المركزية دون ان يذكر لهذه الفروع الحق في اتخاذ القرار.

٢. توكيل المهام (سلطات شبه مستقلة) :هذا النوع من الامركزية الإدارية يتمثل في توكيل بعض الهيئات او المؤسسات بصناعة القرار الخاص بوظائف وقضايا معينة لا تخضع بشكل مباشر لوزارات الحكومة المركزية، وهذا النوع من التوكيل للإدارة العامة او مشاريع معينة أو وحدات تخطيط اقليمي او سلطة تنمية اقليم معين يمثل خطوة متقدمة في مجال اللامركزية عما هو عليه الحال في النوع الأول من اللامركزية.

٣. التفويض بالمهام : يقوم هذا لنوع من اللامركزية على تدعيم وتقوية مبدا استقلالية الهيئات والمؤسسات الحكومية في الأقاليم والوحدات الإدارية من خلال نقل بعض المهام والسلطات لها وفي بعض الأحيان تقوم الحكومة بإيجاد هيئات ومؤسسات حكومية مستقلة في المستويات الإدارية والإقليمية والمحلية بمعنى أنها تقع خارج نطاق التبعية المباشرة للحكومة المركزية.

مميزات هذا النوع من اللامركزية :

١. استقلالية الهيئة الحكومية والمحلية او الإقليمية.

٢. الهيئة الحكومية المحلية تصبح شبه حكومة مصغرة لها اقليمها الجغرافي المحدد الذي تمارس فيه سلطاتها.

٣. زيادة التنسيق بين الحكومة المحلية والحكومة المركزية.

٤. لا يقوم هذا النوع من اللامركزية على نظام الهرمية والمؤسسية او الإدارية.

أنواع اللامركزية حسب الشكل التنظيمي اللامركزي :

١. **اللامركزية على أساس الوظائف** : ويتبع هذا التشكيل في المنظمات التي تنتج منتجـا رئيسيا واحدا، حيث هناك وظائف رئيسية مربوط بها وظائف فرعيـة لـديها سـلطة في اتخاذ القرارات.

٢. **اللامركزية الجغرافية** : وبموجبها تكون الفروع مرتبطـة بمـدير اقليمـي يعتبر حلقـة الوصل بين الفروع والإدارة المركزية.

٣. **لامركزية خطوط الإنتاج** : وهذا الشكل تتبعه معظم الشركات الإنتاجية مثل جـنرال موتورز، حيث يعطى كل خط انتاجي سلطة كافية لانتاج سلعة محـددة وتسـويقها، اذ يعتبر وحدة ادارية مستقلة.

ومن هنا لابد من معرفة فوائد اللامركزية بشكل عام والتي يمكـن ان تكـون مآخـذ على المركزية :

● توفر السرعة في العمل والإنجاز.

● تخفيف عبئ العمل عن كاهل الرئاسات الإدارية في المنظمة.

● تدريب وتنمية القدرة والخبرة لدى المرؤوسين الذين يتم تفويضهم بشكل يمكن معه للمنظمة الإعتماد علـيهم في المسـتقبل كصـف ثـان مـن الكـوادر الإداريـة المدربة.

● رفع روح المعنوية لدى المفوضين بأهميتهم ودورهم في العمل فاللامركزيـة هـي وسيلة لإثراء عمل المرؤوسين في العمل.

● تقوية العلاقات والروابط بين الرؤساء والمرؤوسين وذلك يجعلهـم يشـعرون بـأن رؤساءهم يثقون بهم من خلال هذا التفويض.

● تساعد المنظمات التي يشمل نشاطها مناطق جغرافية متعددة، على ان تستفيد فروعها في هذه المناطق من الفرص الإيجابية التي تسنح لها في بيئتها المحلية.

- **اللامركزيـة مـن الأمـور التـي تجسـد ديمقراطيـة العمـل الإداري، وتسـعى إلى إحداث تغير في السلوك التنظيمي وكسر السلطة المستبدة.**

أما مميزات المركزية والتي تؤخذ على اللامركزية :

- توفير درجة عالية من التنسيق من خلال كون عملية اتخاذ القرارات تـتم مـن قبل جهة او جهات محـددة، وهـذا يـوفر إمكانيـة الإتصـال السـريع والتنسـيق العالي ويحد من الإزدواجية في العمل.
- تخفـف المركزيـة مـن مسـتويات واجـراءات الرقابـة، فعنـدما تتمركـز الإدارة وتصريف الأمور في جهة واحدة أو جهات محددة فـإن مـن الطبيعـي ان تكـون عملية الإشراف والرقابة محصورة في يد عدد قليل من الجهات وهذا مـا يخفـف من مستواياتها وإجراءاتها.
- بما ان عملية الرقابـة في الإدارة المركزيـة تكـون بشـكل مبـاشر مـن قبـل جهـات محددة ترقب العمل فإن ذلك سيقلل من الإنحرافات التي يمكن ان تحدث.

الـمسـؤولية responsibility:

وهي تعهد الفرد وإلتزامـه بتنفيـذ الواجبـات والأعـمال ونشـاطات معينـة بأقصى- قدراته معهودة إليه من سلطة أعلى والألتزام هو أساس المسؤولية بغض النظر عن رغباتـه الخاصة وبالتالي فهو نتيجة طبيعية للسلطة والمسـؤولية تنشـأ مـن العلاقـة التعاقديـة بـين الرئيس والمرؤوس حيث يكون الشخص المفوض مسؤولا أمام صاحب السلطة المفوضة عـن النجـاح أوالإخفـاق في تنفيـذها وعـلى ذلـك فالمسـؤولية هـي علاقـة تـربط بـين الـرئيس والمرؤوس، وهي تأخذ شكل التزام صادر من الثاني تجاه الأول لأداء المهـام التـي يوكلـه بهـا وهذا ينتج عن المحاسبة فالإخلال بالمسؤولية يستوجب المسائلة اي مسـائلة المـرؤوس عـن النتائج التي حققها من خلال المسؤولية وتفويض السلطة.

ومن الطبيعي ان تتم المحاسبة داخل إطار المسؤوليات والصلاحيات الممنوحة للمرؤوس ولا بد من التذكير بأن المسؤولية لا تفوض وبالتالي فهي تطفو من الأسفل للأعلى عكس السلطة التي تنساب من الأعلى للأسفل داخل الهرم التنظيمي للمنظمة وذلك عن طريق تفويضها من مستوى اداري اعلى لمستوى أدنى.

فعندما يحدث اخلال باستخدام السلطة من قبل من فوضت إليه يشترك في هذه المسؤولية صاحب السلطة الأصلية بالمسؤولية والمحاسبة، وقد يشترك في بعض الاحيان اكثر من شخصين وذلك حسب مرات التفويض فالمحاسبة تبدأ من قاعدة الهرم التنظيمي حيث تصبح الإدارةالدنيا مسؤولة ومحاسبة أمام الإدارة الوسطى والوسطى تكون مسؤولة أمام الإدارة العليا.

والمحاسبة عن الأعمال تكون فردية وهذا يعني أن فردا واحا يحاسب المرؤوس وهذا الفرد هو رئيسه المباشر ويرتبط بالمحاسبة كعنصر في تكوين العلاقات الإدارية وهو مبدأ وحدة إصدار الأمر (unity of command) والذي يعني أن المرؤوس يجب أن لا يتلقى الأوامر إلا من فرد واحد وهو رئيسه المباشر. ولا بد من تذكر بأن السلطة والمسؤولية يحب أن تكون متكافئتين فالسلطة تكون على قدر المسؤولية بحيث يحاسب من فوضت إليه السلطة ضمن الإمكانات التي وضعت تحت تصرفه فلا يحاسب على أداء واجبات معينة لم تتوفر لديه السلطة الكافية لأدائها فمقدار المسؤولية يحدد مقدار السلطة.

الوحدة السابعة

التوجيه والقيادة

التوجيه

مقدمة :

إن التخطيط الفعال الجيد مرحلتان أساسيتان في العملية الإدارية كما إن إلحاق الأفراد بالأعمال و الوظائف التي يتضمنها الهيكل الوظيفي وذلك في ضوء قدراتهم واستعداداتهم يمثل في حد ذاته نقطة البداية في بعث الحياة في المشروع. وإلى هنا يكون المشروع قد تم تجهيزه وأعداده، لكن الأهم من ذلك هو تحقيق الأهداف المنشودة والنتائج المرغوبة، وهو أمر يتحقق بالتوجيه السليم لأفراد القوى العاملة وتحفيزهم في مرحلة تنفيذ الخطط والبرامج.

مفهوم التوجيه :

التوجيه مرحلة أو خطوة هامه و حيوية في العملية الإداريه تهدف إلى الأخذ بيد أفراد القوى العاملة بالمشروع من خلال القيادة الرشيدة وتوجية جهودهم نحو تحقيق الأهداف المنشودة وضرب المثل لهم في التصرفات. كذلك تضمن العملية التوجيهيه توفير بيئة العمل المناسبة التي تعاون في إطلاق العاملين لقدراتهم الإبداعية لما فيه صالح المشروع. وهو إرشاد المرؤوسين أثناء تنفيذهم للأعمال بغية تحقيق أهداف المنظمة.

ويمارس التوجيه الفعال في ضوء فهم طبيعة السلوك البشري ومحاولة توجية هذا السلوك الوجه المرغوب. وهكذا نجد أن التوجيه " وظيفة إدارية تعني دفع المشروع للسير بخطى ثابتة نحو تحقيق الأهداف. والمشروع يتكون في الحقيقة من مجموعة من الأفراد تتعاون لتحقيق هدف مشترك تحت توجيه قيادة معينه ".

العاملون البشر :

لا جدال في أن تحقيق المشروع لأهدافه إنما يكون من خلال تنفيذ العاملين الخطط والبرامج الموضوعة. ويختلف أفراد القوى العاملة عن عناصر الإنتاج المادية الأخرى. فهم بشر لهم عواطف و أحاسيس وحاجات ودوافع و اتجاهات وقيم. ومن هنا فإنه من المهم أن تتوفر لدى المدير دراية عميقة واتجاهات وقيم بالطبيعة الإنسانية ، ولا بد أن تتوافر لديه الخبرات والمهارات الكافية التي تمكنه من دراسة وتحليل السلوك البشري بغرض فهم هذا السلوك وتحليله وتوجيهه والتأثير فيه.

إن الفرد – سواء ، كان موظفاً أو عاملاً بالمشروع – هو إنسان بالدرجة الأولى ، إنه كائن حي تحكم سلوكه وتصرفاته قوانين فطرية أو طبيعية ، و وفقاً للقوانين الطبيعية يتميز الفرد بالخصائص التالية :-

١. الفرد هو بمثابة مجموعة متكاملة من القوة أو الطاقة وهو يتصرف في هذه الطاقة وفقاً لاختياره المحض.

٢. الفرد كائن يمتلك قدرة وطاقة طبيعية ذات فاعلية مستمرة للنمو والتوافق أو التكيف.

٣. الفرد بطبيعته ذو عزيمة وتحدي إلى الرغبة في تحقيق أهداف معينة.

٤. الفرد بطبيعته فريد في صفاته فكل إنسان له شخصيته الفريدة وطاقته وقدراته التي يوجه بها نفسه ذاتياً.

٥. يهتم الفرد أساساً بنفسه أنه أناني بطبعه بدرجة أو بأخرى.

٦. يمكن توجيه الفرد وحثه وترغيبه لتحقيق الأهداف من خلال القيادة الرشيدة التي توفر فرص إشباع الفرد لحاجاته و دوافعه.

ويرى أرجرز أن سلوك الإنسان الناضج يتميز بخصائص عديدة أهمها النشاط المتميّز والاستقلال و إدراك ومعرفة الذات أو النفس والرقابة عليها والطموح لشغل وظائف ذات مستوى أعلى واتساع الرؤيا وبعد النظر وامتلاك اهتمامات أعمق والقدرة على التصرف بطرق مختلفة لإشباع الحاجات.

تعددت النظريات المفسّرة لكيفية توجيه الجهود البشرية:-

القيادة الرشيدة.

التحفيز الجيد.

الإيصال الفعّال.

وهناك مبدآن من مبادئ الإدارة لهما أهميتها في مجال التوجيه وهما:-

- **مبدأ تجانس الأهداف.**
- **مبدأ وحدة الرئاسة (وحدة الأمن والتوجيه).**

مبدأ تجانس الأهداف.

ويتعلق هذا المبدأ بغرض التوجيه، حيث ينهض هذا المبدأ على أساس أن فاعلية التوجيه تتوقف على مدى تجانس الأهداف ففي النشاط التعاوني مع أهداف الجماعة. فالأفراد الذين يعملون في المنظمة تكون لهم أهدافهم التي يعملون على تحقيقها، وقد تختلف هذه الأهداف من فرد لآخر، كما أنها قد تختلف مع أهداف المنظمة إلاّ أنه من المهم تحقيق أهداف المنظمة التي أنشئت من أجلها.

مبدأ وحدة الرئاسة (وحدة الأمن):

ولقد سبق الإشارة إلى هذا المبدأ عند مناقشة وظيفة التنظيم. إلاّ أنه أيضاً يعتبر من المبادئ التي تعتمد عليها وظيفة التوجيه، وهذا المبدأ يقوم على أساس أن يكون للمرؤوس رئيساً واحداً وليس أكثر من ذلك.

حيث تبين أن الأشخاص المرؤوسين يتجاوبون أكثر عندما يوجّهون بواسطة رئيس واحد، ومثل هذا التوجيه يساعد على تجنب تقسيم الولاء لأكثر من رئيس ويتجنب الأوامر المتعارضة.

متطلبات التوجيه:-

١- توفير المعلومات الضرورية:-

يستلزم التوجيه السليم معرفة الفرد لعمله وبيئة هذا العمل. فكلما زادت معرفته بذلك زادت فعاليته، لذلك يجب على الإداري أن يحدد بدقة المعلومات الضرورية للأداء الجيد. ثم العمل على تقديم هذه المعلومات للمرؤوسين، سواءً عند بداية التحاقهم بالمنظمة أو أثناء التحاقهم بالعمل، وهذا يتطلب من المدير أن يخصص وقتاً كافياً للمرؤوس لكي يقدّم إليه المعلومات الضرورية سواءً تلك التي تتصل بعمله أو تلك التي تتصل بعلاقته بالآخرين، وأسلوب أداء العمل، وأسلوب تقييمه.

إصدار الأوامر:

يستخدم المديرون الأوامر في كثير من الأحيان لتوجيه المرؤوسين سواء لممارسة نشاط معيّن أو تعديل هذا النشاط أو وقفه فإذا كان إصدار الأوامر من اختصاص المدير فإن المرؤوسين عليهم إطاعة هذا الأمر والامتثال له وتنفيذ ما تضمنه هذا الأمر.

الخصائص التي يجب أن يدركها المدير أو الرئيس والالتزام بها ومنها:-

أ. أن يكون الأمر معقولاً وقابلاً للتنفيذ.

ب. يجب أن يكون الأمر كاملاً: بحيث لا يترك سؤالاً إلا في ذهن المرؤوس بلا إجابة.

ج. يجب أن يكون الأمر واضحاً بالنسبة للمرؤوسين بحيث يضمن الرئيس تنفيذ ما هو مطلوب من هذا الأمر بالفعل.

د. أن يكون الأمر مكتوباً: على الرغم من أن هناك وجهات نظر مختلفة.

نحتاج إلى التوجيه حتى نضمن سلامة تطبيق الخطط المرسومة وحسن استخدام العلاقات التنظيمية مثل السلطة وتمثل :

القيادة leadership

الاتصال communication

والتحفيز motivation

الأسس التي من خلالها يستطيع المدير إرشاد وبث روح التعاون والنشاط المستمر بين العاملين في المنطقة من أجل تحقيق أهدافها.

وفي هذا الفصل سنتناول باختصار شديد موضوع القيادة والاتصال والتحفيز.

شأن المدير وتعطيه قوة فوق قوة وتضفي عليه احتراماً وتقديرا لا يحصل عليه إلا بهذا الأسلوب كما تعد من أبرز عوامل نجاحه في القيادة وتأثيره على الأفراد وحفظ تماسك المنظمة وتحقيق أهدافها.

درجة الرعاية التي يبذلها المدير تجاه القيم والمثل الإنسانية والأخلاقية في التعامل : كقيمة الوفاء والستر على النواقص والعثرات والعفو والصفح والسماحة والكرم وغيرها من صفات إنسانية نبيلة تجعله قدوة وأسوة يحتذيها الجميع ، فيسعى لتقمص شخصيتها وبذلك يحول المدير منظمته إلى مدرسة للتربية والتهذيب والتعليم وهي تمارس أدوارها اليومية في العمل.

مهارة تبصر الأهداف العامة للمنظمة وربطها بأهداف المجتمع ومعالجة المشكلات الإدارية في إطار الأعراف العامة : وهذا يتطلب منه معرفة جيدة بالسياسة العامة للدولة، وتفهم كافي للإتجاهات السياسية وتبصرها والقدرة على التعامل معها بحكمة ليكون قادراً على التوفيق بين الضغوط العامة واتجاهات المجتمع والدولة بين نشاط المنظمة مع إعطاء الأهمية للصالح العام.

المهارة في تنظيم الوقت وإدارته: وذلك من خلال تحديد المهمات المطلوب إنجازها وتحديد الأوليات وتتابعها الإنجازي على مراحل الزمن، وتلاقي الأوقات المهدورة.

الجسدية والذكاء وقوة الشخصية، مما يجعل المرؤوسين يقبلوا به كقائد ويتأثروا به.

القدوة: حيث يوم المرؤوسون بتقليد قائدهم الذي يعتبرونه نموذجاً لتصرفهم ، وعندما لا يكون تصرف القائد قدوة ، فإنه يرسخ عدم الثقة في نفوس مرؤوسيه.

الحزم والإصرار: يستجيب المرؤوسين لقائدهم نتيجة حزمه في طلبه وإصراره عليه ويكون هذا القائد عادة صريحاً وواضحاً في طلبه.

التبرير المنطقي :القائد هنا يحمل أتباعه على الأداء المطلوب عن طريق تبريره وتسويغه لهم .

التودد للمرؤوسين والثناء عليهم: بعد ذلك يطلب منهم ما يراد أداؤه وهذا أسلوب يتبعه كل قائد لا يثق بنفسه.

ثانياً : نظريات سلوك القائد وقدراته

تطورت هذه النظريات عن سابقاتها ،حيث يقول أصحابها ليس المهم حمل المرؤوسين على أداء المهمة فحسب ،وإنما المهم هو فعالية هذا الأداء ومن هذه النظريات:

القائد الأسطوري: هو القائد الذي لديه تصميم على استخدام سلطته للتأثير على تفكير وسلوك مرؤوسيه ،وأن يظهر أمامهم بمظهر القوة.

القائد الميال للإنجاز: بحيث يميل القائد للإنجاز والشروع بمشاريع جديدة يتم إنجازها تحت بصره.

القدرة على حل المشاكل: فالقائد الفعال هو القائد القادر على حل المشاكل ، ومثل هذا القائد يكون ذكياً وقادراً على وضع الخطط والإستراتيجيات وصنع القرارات الفعالة

القيادة

مقدمة :

منذ الثمانينات من القرن العشرين الميلادي بدأت العديد من المنظمات الكبيرة بالعمل على تحسين وتطوير عملية اختيار من يخلف كبار المسؤولين التنفيذيين والتعرف المبكر على المواهب القيادية لهم ، وذلك لأثرها على سلوك الأفراد والجماعات ومستوى أداءهم في التنظيم ، وبالتالي على تحقيق الأهداف بشكل مباشر.

فالمنظمة تستطيع قياس مدى نجاحها وكفائتها من خلال معاملة القيادة الإدارية للأفراد العاملين ، فكلما كانت القيادة كفؤة جيدة ينعكس ذلك بشكل ايجابي على المنظمة وتستطيع أن تقدم أهدافها ، فالقادة أناس مبدعون يبحثون عن المخاطر لاكتساب الفرص والمكافئات.

مفهوم وأهمية القيادة:

تعد القيادة الإدارية إحدى الوظائف الإدارية الأساسية التي يتم في إطارها بذل الجهود المختلفة نحو توجيه جهود الجماعات البشرية من أجل تحقيق أهداف معينة ومحددة ويمكن ملاحظة ذلك واضحة ودائمة الوجود وذات المعالم الأثرية والتراثية وكذلك وجود الأهرامات في مصر وكل هذا إنما يدل على وجود الأنظمة والأنشطة القيادية الإدارية الفعالة التي تعمل على تنظيم الجماعات والأفراد البشرية في تلك الحضارات القديمة وتدل كذلك على أن هناك قادة يستطيعون صنع القرارات طويلة الأجل.

والقيادة الإدارية تعتبر من المفاهيم الفكرية الحديثة التي حققت من خلالها العديدة من المنظمات نهوضاً وتطويراً ملحوظاً في مختلف الأقطار والبلدان المتقدمة والنامية على حد سواء.

وممّا هو ملاحظ أن القيادة تعتبر روح الإدارة المعاصرة حيث يتوجب على الإداري المعاصر أن يجد أفضل العاملين ويشجعهم بالحوافز ويمنحهم حرية إنجاز أعمالهم المنوطة إليهم بأسلوبه القيادي الذي يسير عليه وكذلك يتوجب على القائد الإداري أن يكون لديه وضوح في الرؤية ليركز على أهداف المنظمة وأن يعرف كيف يمكن أن يحقق تلك الأهداف.

لذا فإن نجاح أية مؤسسة أو فشلها يتوقف على نوعية القيادة فيها وأسلوبهم في مواجهة الأعمال المختلفة ونظراً لأهمية دور الإداريين في المجتمع المعاصر فقد بدأ الاهتمام بدراسة السلوك التنظيمي الإداري.

كما تعني القيادة أيضاً القدرة في التأثير في الآخرين من أجل تحقيق الأهداف المشتركة وهذا يعني أن القيادة عملية تواصل بين القائد ومرؤوسيه حيث يتناولون المعارف والاتجاهات ويتعاونون على إنجاز المهام المناطة بهم.

وذلك يمكن من خلال المفاهيم أعلاه استنتاج الأسس التالية وهي:

١- القيادة هي من مسؤولية القائد.

٢- القيادة هي القدرة على التوجيه والإقناع

٣- القيادة هي التأثير في الآخرين لتحقيق هدف مشترك.

٤- القيادة هي عملية تفاعل بين الرئيس والمرؤوس.

ومن هنا يتضح بجلاء الأهمية التي تنطوي عليها عملية القيادة في مختلف المنظمات الإنسانية العاملة سيّما وأن الجانب الذي يدعو للأهمية بشكل ملحوظ أن المنظمات التي لا تتوفر فيها قيادات إدارية فاعلة لا تستطيع أن تحقق الأهداف المراد إنجازها بكفاءة وفاعلية سيما في ظل المتغيرات العالمية التي يشهدها المجتمع الإنساني في مختلف جوانب التطورات القائمة وخصوصاً في إطار العولمة وثورة المعلومات والاتصالات وظهور المنافسة الواسعة بين مختلف المنظمات الإنسانية إذ أن هذه المتغيرات لا يمكن

لها أن تحقق الأبعاد المستهدفة لنجاح المنظمة وديمومة استقرارها واستمرارها في السوق وتحقيق الحصص السوقية بلا قيادة قادرة على أن توجه جهود الآخرين وتحفز فيهم الرغبة الجامحة نحو التفوق والإبداع في أدائها الإنتاجي الخدمي لذا فإن القيادة تلعب الدور البناء في تحقيق هذا التفوق في الأداء المراد إنجازه.

الأنماط القيادية وأثرها على المنظمات:

لقد أشارت العديد من الكتب والمراجع الإدارية والرسائل والبحوث العلمية في مجال الإدارة إلى وجود عدد كبير من المفاهيم الإدارية يفسر ـ الأنماط القيادية ومدى كفاءتها وفاعليتها بالمنظمات وهي كما يتضح من نظريات القيادة الإدارية.

١- نظرية السمات.

٢- نظرية الرجل العظيم.

٣- النظريات السلوكية.

٤- نظريات الموقف.

٥- النظرية التفاعلية.

أولاً: نظرية السمات:

ويعتبر كل من العالمان (Stogdil and Bernard) من المتمحسين لهذه النظرية حيث اعتمدوا على ملاحظة عدد من القادة المعروفين وقاما بحصر ـ الصفات المشتركة بينهم.

فهما يريان بأن القائد الكفء يجب أن تتوفر فيه عدد من السمات الشخصية والخصائص التي تميزه عن غيره ومنها:

١- مجموعة السمات الشخصية وتتركز في الذكاء، والطموح، والقدرة على التنسيق بين الأعمال، والفهم السريع، وتحليل الموقف بدقة، وعدم التسرع في الحكم على الأمور.

٢- مجموعة السمات البدنية التي تتمثل في الرجولة، والنضج، والشجاعة، وحسم الأمور، والثقة بالنفس.

٣- مجموعة السمات الاجتماعية وتتمثل في الموضوعية عند مناقشة المشكلات، والقدرة على التعامل مع الآخرين، والاستقرار العاطفي، والانتماء للأسرة والوطن.

٤- مجموعة من السمات العملية، وتظهر في المستوى العلمي والثقافي، والقدرة على الاطلاع، وتحليل الأحداث، والمعرفة بشؤون الحياة المختلفة.

٥- مجموعة من السمات الأخرى، مثل الحاجة إلى التفوق، وإثبات الذات، والحاجة إلى ممارسة السلطة.

ثانياً: نظرية الرجل العظيم:

حيث تعتمد هذه النظرية على وجود أفواد يولدون عظماء، لذلك فهم الأحق بالقيادة، حيث استندت الأفكار في هذه النظرية إلى الفكر المرتبط بالحضارات السابقة مثل الإغريقية والفرعونية والفينيقية التي كانت تميز بين البشر ـ باعتبار أنهم فئات وطبقات ومنهم طبقة القادة العلماء، وقد أشار الله في محكم كتابه العزيز نحو شخصية الرسول الكريم صلى الله عليه وسلم (وإنك لعلى خلق عظيم) مجسداً حقيقة النزعة القيادية الرائعة بشخصية الرسول، كما ظهرت النظرية وطبقت على أرض الواقع في دولة إيران الإسلامية حيث أبرزت (آية الله) على الرئاسة فيم يسمى بولاية الفقيه حسب المذهب الشيعي.

وتفترض هذه النظرية امتلاك القائد مواهب وقدرات غير عادية على قيادة مؤسسة من خلال شخصية قوية وإرادة حديدية تعمل على بناء نظام يعتمد على قدرة الفرد ولا يترك مكاناً للجماعة بل يشجع الجماعة على السلبية لأن المطلوب في هذه الحالة هو الخضوع والطاعة، وعلى إخلاص القائد وقدرته على تفضيل مصالح الجماعة على مصالحه الشخصية. كما يعتمد القائد هنا على عنصر الولاء له من جانب مرؤوسيه

أكثر من عنصر الكفاءة حيث يسعى إلى تكوين سياج بشري حوله يمنعه من الاتصال بجماعته وذلك لاعتداده على معاونيه ومستشاريه، والقائد هنا غالباً ما يبقى في موقعه طالما بقي حياً.

ثالثاً: النظريات السلوكية:

وهي تدور حول معرفة الفرد ودوافعه وسلوكه من أجل خلق مناخ ودي يحقق الكفاءة والفاعلية في العمل، وهذه النظريات ترتكز على الطريقة التي يمارس فيها القائد تأثيره ومن أهمها:

١- نظرية الخط المستمر أو سلسلة السلوك:

وهي تعالج بعدين هامين هما مقدار الصلاحية أو السلطة التي يمتلكها القائد، ومقدار الحرية الممنوحة للمرؤوسين، حيث نستطيع أن نصنّف نمط القائد عن طريق تحديد ما إذا كان ديمقراطياً أو دكتاتورياً أو في موقف وسط بينها.

والشكل التالي يوضح سلوك القائد

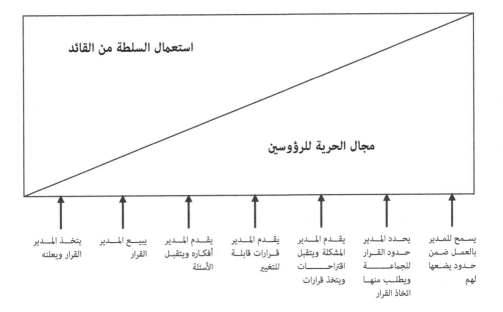

قيادة مركزة على المرؤوسين   قيادة مركزة على الرئيس

استعمال السلطة من القائد

مجال الحرية للرؤوسين

يتخذ المدير القرار ويعلنه

يبيع المدير القرار

يقدم المدير أفكاره ويتقبل الأسئلة

يقدم المدير قرارات قابلة للتغيير

يقدم المدير المشكلة ويتقبل اقتراحـــات ويتخذ قرارات

يحدد المدير حدود القرار للجماعة ويطلب منها اتخاذ القرار

يسمح للمدير بالعمل ضمن حدود يضعها لهم

سلسلة سلوك القائد Range of Behavior

وفي هذه السلسلة يحدد كيفية اختبار القائد How To Choose A Leader نجد أن القائد يتمتع بممارسة سلطاته وصلاحياته وهي ممثلة في أقصى اليسار حيث ينفرد باتخاذ القرارات ويضع الحلول للمشكلات ويطرحها للتنفيذ ولا يأخذ في اعتباره آراء مرؤوسيه أو يشاركهم فيها، وهذا يمثل النمط الديكتاتوري الذي نادراً ما يجامل أحداً ويتسم بالصرامة والقسوة الرسمية، وفي أقصى اليمين يوجد النمط الديمقراطي حيث يشارك القائد مرؤوسيه في اتخاذ القرار ضمن حدود، وكذلك يشارك الجماعة في مواجهة المشكلات ووضع الحلول لها، وهذا النموذج يوضح نمط القائد من أنه يختار النمط الذي يتلاءم ضمن حدود الموقف الموجود فيه.

ومن هذا النموذج نستطيع أن نتعرف على القوى المؤثرة في كيفية ممارسة القيادة وهي:

١- القوى الكاملة في القائد نفسه: وذلك من حيث نقاط القوة أو الضعف وتفكيره وثقافته وقدراته الجسمية والعقلية وثقته في مرؤوسيه وقيمه، ومعتقداته الشخصية.

٢- القوى الكامنة لدى المرؤوسين: حيث أن الموقف نفسه يؤثر في اختيار نموذج القيادة، حيث يؤثر على نوعية وفاعلية العاملين والمؤسسة.

٣- القوى الكامنة في الموقف: حيث يؤثر الموقف في نموذج اختيار القائد من حيث قدرة هذه المؤسسة على التواصل في ظل المشكلات التي يعاني منها وفق قدرتها على استيعاب المرؤوسين ومشاركتهم في حل هذه المشكلات.

٢- نظام ليكرت في القيادة:

وفي نموذجه المعروف، استطاع ليكرت وزملاؤه في معهد البحث الاجتماعي بجامعة متشجان الأمريكية تحديد مميزات القيادة عن طريق مقارنة سلوك المشرفين في المجموعات العمالية ذات الإنتاجية العالية والمجموعات ذات الإنتاجية المنخفضة، حيث أن المشرفين ذوي الانتاجية العالية تميزوا بمشاركة محدودة في التنفيذ الفعلي للعمل وكانوا مهتمين أكثر بالأفراد وكانوا يسمحون لهم بحرية أكبر في اتخاذ القرارات واختيارهم لطرق العمل المناسبة وكان إشرافهم على مرؤوسيهم أقل من إشراف الديمقراطية تعطي نتائج أفضل بكثير من القيادة الاتوقراطية أو الدكتاتورية.

وقد استطاع ليكرت التمييز بين أربعة أنظمة للقيادة هي:

أ- وصف القائد بأنه تسلطي واستغلالي حيث لا توجد ثقة بين الرئيس والمرؤوس. فمعظم القرارات من الرئيس والمرؤوس يعمل خوفاً من العقاب والرقابة تكون بصورة قوية من أعلى.

ب- يمكن وصف القائد بأنه مركزي نفعي وهو يشبه النظام السابق إلا أنه أقل مركزية حيث توجد ثقة معتدلة بين الرئس والمرؤوس ويعمل المرؤوس متوقعاً المكافأة أو العقاب وتكون الرقابة قوية من أعلى وإن كان يسمح بتفويض بعضها.

ج- وصف القائد بأنه استشاري ويتميز بثقة كبيرة وإن كانت غير كاملة بين الرئيس والمرؤوس حيث يستفيد الرئيس من آراء وأفكار مرؤوسيه.

د- أما الوصف الرابع فهو نظام جماعي مشارك حيث تتوافر هذه الثقة الكاملة بين القائد ومرؤوسيه وهناك تبادل مستمر للمعلومات بينهم، وقد وجد ليكرت أن النظام الثالث والرابع إذا ما استخدمه المدير فإن إنتاجية مجموعات العمل لديه تكون مرتفعة.

٣- نظرية البعدين في القيادة:

وبدأت هذه الدراسة في مكتب الأبحاث التابع لجامعة أوهايو الأمريكية في أواخر الأربعينات، وأوائل الخمسينات من القرن العشرين حيث تم تحديد بعدين لسلوك القيادة وهما:

أ- تحديد وتصميم البنية من أجل الاهتمام بالعلم وتنظيمه، وكذلك التركيز على المهام المتعلقة بالعمل.

ب- تحديد الاعتبارات الإنسانية حيث الاهتمام بالعلاقات الوظيفية المتصفة بالثقة المتبادلة واحترام آراء المرؤوسين من جانب القائد الذي ينبغي أن يساعد مرؤوسيه ويعمل على حل مشكلاتهم ويعامل الجميع معاملة تتصف بالإنصاف.

وقد بيّنت الدراسة أن القادة الذين اهتموا بالبعد الأول كانوا محط تقدير مرؤوسيهم وكان أداؤهم متميزاً من منظور بعد الانتاجية، وكانوا سبباً في العديد من التذمر والتسرب

من العمل، أما القادة المهتمون ببعد مراعاة المشاعر حيث يتسم بدرجة عالية من الرضا والانسجام الكثيرين وانخفاض في التذمر، أما من اهتموا بالبعدين فقد حازوا على رضا وقناعة رؤسائهم ومرؤوسيهم وأظهروا نسبة إنتاجية عالية وانخفاضاً في التذمر.

٤- نظرية الشبكة الإدارية:

هي من أكثر النظريات القيادية شهرة والتي طورها (Robert Black and James Mouton) ضمن سلسلة من الدراسات التي أجريت في جامعتي أوهايو ومتشجان حول فعالية القائد الإداري والتي توصلت إلى نمطين للقيادة الإدارية هما:

١- الاهتمام ببعد الفرد.

٢- الاهتمام ببعد الإنتاج كما يتضح في الشكل الآتي:

صورة مبسطة لشبكة سلوك القائد

H

بعد مراعاة العاملين	عالي الاهتمام ببعد العاملين وقليل الاهتمام بالإنتاج	عالي الإهتمام بالعاملين والإنتاج معاً
	قليل الإهتمام بالعاملين والإنتاج معاً	عالي الاهتمام ببعد الإنتاج وقليل الإهتمام ببعد العاملين

بعد مراعاة الإنتاج أو البيئة

ومن خلال هذه الشبكة يتم الاهتمام بالسلوك على أساس شموله لهذين البعدين، ولكن ليس بالضرورة أن يكون هذا الشمول متساوياً، فقد يكون اهتمام القائد منصباً على الاهتمام بالعاملين وقليل الاهتمام بالإنتاج أو يكون عالي الاهتمام بالإنتاج وقليل الاهتمام بالعاملين قليل الاهتمام ببعدي العاملين والانتاج معاً، أو عالي الاهتمام ببعدي العاملين والإنتاج أيضاً معاً. وقد حازت هذه الشبكة على انتشار واسع بسبب تميز أساليب

القيادة، حيث قام الباحثان بليك وموتون بوضع كل بعد من أبعاد الشبكة في شكل محدد للتعرف إلى أنماط القيادة المختلفة حيث تميز كل بعد منها بعدة نقاط على الشبكة كما يتضح من الشكل الآتي:

الإهتمام بالمرؤوسين

٩.٩ إنجازات المرؤوسين عالية بسبب كون الأفراد ملتزمين يسود بينهم دعم واعتماد واحترام متبادل ومستوى من الثقة	المدير → القائد	٩.١ عناية فائقة بحاجات الأفراد وعلاقات جيدة تقود إلى مناخ منظمي تسوده روح الزمالة ويعمه الاسترخاء والبعد عن التوتر
قيادة الوسط	أداء ملائم للنظام من خلال الموازنة بين ضروريات العمل والمحافظة على مستوى مناسب من الروح المعنوية ٥.٥	↑قيادة النادي الإجتماعي ↓القيادة الفقيرة
كفاية عالية بالعمليات الإنتاجية من خلال ترتيب ظروف العمل بشكل يسمح بقليل من التدخل للبعد الإنساني ١.٩	→ القيادة المتسلطة	بذل أقل جهد ممكن لإنجاز العمل مما يسمح بالإبقاء على منتسبي النظام ١.١

الاهتمام بالعمل

الشبكة الإدارية في القيادة كما يراها بليك

وإذا تأملنا قليلاً في شكل الشبكة الإدارية نرى أن هناك خمسة أنماط قوية ترتبط جميعها ببعدي الانتاج والعاملين وهي:

١- مدير النادي الاجتماعي (١ر٩) حيث يتميز باهتمام ضعيف بالإنتاج واهتمام أكبر بالمرؤوسين.

٢- المدير المقاول (٩ر١) حيث تتميز القيادة في هذا النمط باهتمام عال بالإنتاج واهتمام ضعيف بالمرؤوسين وذلك لتحقيق أهداف المؤسسة، حيث يتغاضى القائد عن إشباع حاجات المرؤوسين هذا يؤدي إلى انخفاض الروح المعنوية لديهم.

٣- المدير المنطوي (١ر١) حيث يتميز أسلوب القيادة فيه باهتمام ضعيف بالإنتاج وبالمرؤوسين مما يؤدي إلى انخفاض الروح المعنوية والإنتاجية لديهم.

٤- المدير العلمي (٥ر٥) الذي يتميز باهتمام معقول بالإنتاج وبالمرؤوسين حيث يحافظ على علاقة جيدة بين المؤسسة والأفراد العاملين فيها.

٥- المدير القائد (٩ر٩) حيث يتميز أسلوب المدير هنا باهتمام عال بالإنتاج وبالعاملين في المؤسسة حيث يعمل على رفع الروح المعنوية لديهم مع محاولته الحصول على أقصى درجات إنتاجية ممكنة عن طريق إقامة علاقات طيبة بين الطرفين.

ويشير الباحثان (Black and Mouton) أن أفضل أسلوب لتحقيق إنتاجية عالية في المؤسسة هو أسلوب المدير القائد(٩ر٩).

رابعاً: نظريات الموقف

فقد أجريت في أوائل الستينات من القرن العشرين عدة دراسات جديدة أضافت متغير الموقف حيث أن متطلبات القيادة تختلف بحسب المجتمعات والتنظيمات الإدارية داخل المجتمع الواحد والمستويات الوظيفية في التنظيم الواحد، وتقدم نظرية الموقف مفهوماً ديناميكياً للقيادة لأنها لا تربط القيادة بالسمات الشخصية فقط بل تربطها بالموقف الإداري (عبد الباقي ٢٠٠٢)، وتتفاعل القيادة مع البيئة المحيطة بها، لذلك قبل التفاعلية القيادية ترتبط بمواقف محددة، ومختلفة وكل موقف له متطلباته الخاصة، وهذا يوضح نجاح أو فشل بعض القيادات في المواقف المختلفة.

أ- ومن أهم نظريات الموقف نظرية فدار (Fidler) الذي طرح تصوراً شاملاً كنموذج احتمالي للقيادة، حيث تعتمد فعالية أداء الجماعة على التوافق بين أسلوب القائد في

التفاعل مع تابعيه ودرجة الضبط والتأثير التي يوفرها الموقف للقائد. فهو يعمل على تحليل شخصيات القائد والجماعة وطبيعة الموقف، حيث أن المكون الأساسي في القيادة هو التأثير.

وتتحدد فاعلية القيادة بمدى ملاءمة النمط القيادي المستخدم في موقف معين لمتطلبات الموقف وتحديده من خلال وضع تشخيص دقيق للموقف الإداري الذي يمارسه القائد ومرؤوسوه من خلال عناصر الموقف وهي:

١- العلاقة بين القائد وموظفيه وهذا يتطلب معرفة مدى تقبل الموظفين لقائدهم وارتياحهم لتعامله معهم.

٢- التيار التنظيمي للعمل والذي يؤكد على أنه كلما كانت مهمة العمل محددة ضمن بناء معين فإنه يسهل على القائد إبلاغ موظفيه بما يجب أن يقوموا به.

٣- سلطة القائد التي يعطيها منصبه، فكلما زادت قدرته وإمكانية ممارسته لفعاليات وأنماط سلوك إيجابية وسلبية زادت قدرته على التأثير.

ب- ومن نظريات الموقف الأخرى ما تسمى بنظرية مسار الهدف (Path Goal) **والتي قام بتطويرها والتي تقوم على أساس أنها تؤثر في مدركات التوقع وقوة جذب الفعل لدى المرؤوسين الخاصة بالإشاعات والمنافع سواء كانت كاملة في الأداء أو كانت خارجية. وقد قام بدراسة تأثير أربعة أنماط للسلوك القيادي عى ثلاثة اتجاهات تتمثل في رضا المرؤوسين وقبولهم للقائد وتوقعاتهم بالحصول على مكافأة نتيجة جهودهم المبذولة في العمل.**

أما أنماط السلوك القيادية فهي:

١- قيادة موجهة لتحقيق عمل معين (Direction).

٢- قيادة مساندة للحصول على هدف معين (Supportive).

٣- قيادة مشاركة للعاملين والمرؤوسين في سبيل الوصول للهدف (Participative).

٤- قيادة ترتكز على الإنجاز (Achievement – oriented)

وقد أوضحت العديد من الدراسات حول نظرية مسار الهدف، إلى أنه من الممكن أن تظهر هذه الأساليب الأربعة من جانب القائد نفسه في مواقف مختلفة.

وقد أبرزت هذه النظرية عاملين وقفيين يلطفان العلاقة بين أسلوب القائد وسلوك المرؤوس، حيث تفترض أن أسلوب القائد سيكون مقبولاً لدى المرؤوسين للحد الذي يجعلهم ينظرون إلى هذا السلوك كمصدر مباشر للرضا (عبدالباقي٢٠٠٠).

ج- أما النظرية الثالثة التابعة لنظريات الموقف فتتمثل في نظرية ردن (Reddin) الذي قدّم تحليلاً لمفهوم الموقف الإداري ضمن كتابة الفاعلية الإدارية (Managerial Effectiveness) حيث ركز في تحليله على معرفة متى تكون الأنماط القيادية فعالة؟ وما دور الموقف الإداري كعامل مؤثر في تحديد فاعلية الإدارة؟

وقد أضاف ردن (Reddin) أبعاداً جديدة في تحليله للأسلوب القيادي تتمثل في الآتي:

١- بعد المهمة أو التوجه نحو المهمة أي المدى الذي يمكن أن يتخذه الإداري لتوجيه جهوده وجهود العاملين معه لتحصيل الهدف.

٢- بعد العلاقات أو التوجه نحو العلاقة وهو المدى الذي يمكن أن يتخذه الإداري لتوفير علاقات عمل شخصية تتسم بالثقة المتبادلة واحترام آراء المرؤوسين ومشاعرهم وأفكاره.

٣- بعد الفاعلية وهو المدى الذي يحقق فيه الإداري الأهـداف المتعلقـة بـدوره ويوضـح الشكل الآتي هذه الأبعاد:

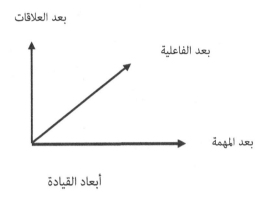

بعد العلاقات
بعد الفاعلية
بعد المهمة

أبعاد القيادة

وقد حدد ردن (Reddin) على هذا الأساس أربعة أنماط للقيادة هي:

١- القائد الذي يهتم كثيراً بالعمل، أي القائد المتفاني.

٢- القائد الذي يهتم كثيراً بالعلاقات مع الأفراد، أي القائد المرتبط بالناس.

٣- القائد الذي يهتم بالعمل والعلاقات مع الأفراد، أي القائد المتكامل.

٤- القائد الذي لا يهتم بالعمل كثيراً ولا بالعلاقات مع الناس، أي القائد المنعزل.

وقد يكون كل نمط من هذه الأنماط أكثر فاعلية أو أقل فاعلية حسب ملاءمته أو عـدم ملائمته للموقف، فأي نمط من هذه الأنماط عندما يكون مستخدماً في مواقف ملائمة يكون أكثر فاعلية، أما إذا استخدم في مواقـف غـير ملائمـة فإنـه يكـون أقـل فاعليـة، كـما تنـتج الفاعلية الإدارية للقائد الإداري من ملائمة النمط القيادي للموقف الإداري الذي يستخدمه فيه.

د. ومن النظريات المتفرعة من نظريات الموقف ما طرحه ستوجديل الذي أجرى دراسة عام (٨٤٩١) توصل فيها إلى أنه لا توجد دلائل كافية على علاقة خصال الشخصية بفاعلية القيادة حيث من الممكن عزل سمة شخصية أو أكثر لدى أفراد يعتبرون قادرة ولكن إذا كان مفهوم السمات صادقاً فإنه لا بد من توفر خصال محددة يمتلكها كل من يعتبر نفسه قائداً. ومن هذه السمات الذكاء، والثقة بالنفس، ومستوى عال من الحيوية.

هـ وطرح كل من (Hersey and Kenneth) نظرية اعتمدا فيها على نموذج الفاعلية القيادية ذات الثلاثة أبعاد ولكنهما ركزا على علاقة المدير بدرجة نضوج التابعين ولكن أبرز المهام لهما كان نظرية دورة الحياة في القيادة حيث أن النمط الملائم من وجهة نظرهما لا يتطلب اهتماماً أقل بطريقة أداء العمل ولكن يجب الاهتمام في الوقت نفسه بالدعم العاطفي الاجتماعي. إن نظرية دورة الحياة تقترح أن يتحرك السلوك القيادي من اهتمام كبير بالعمل، واهتمام قليل بالعلاقات، إلى اهتمام كبير بالعمل، واهتمام كبير بالعلاقات، وذلك في حالة تقدم التابعين من مرحلة عدم النضج إلى مرحلة النضج.

أنواع القيادة الإدارية :

القيادة الرسـمية وهـي القيـادة التـي تمـارس مهماتهـا وفقـاً لمـنهج التنظـيم (أي اللوائح والقوانين)التي تنظم أعمال المنظمة ، فالقائد الذي يمارس مهامه مـن هـذا المنطـق تكون سلطاتة ومسؤلياتة محددة من قبل مركزة الوظيفي والقوانين واللوائح المعمول بها.

القيادة غير الرسمية :

وهي تلك القيادة التي يمارسها بعض الأفراد في التنظيم وفقـا لقـدراتهم ومـواهبهم القيادية وليس من مركزهم ووضعهم الوظيفي فقد يكون البعض مـنهم في مسـتوى الإدارة التنفيذية أو الإدارة المباشرة إلا أن موهبة القيادة وقوة شخصـية بـين زملائـة وقدرتـه عـلى التصرف والحركة والمناقشة والإقناع يجعل منة قائدا ناجحا ، فهناك كالكثير من النقـابين في بعض المنظمات يملكون مواهب قيادية تشكل قوة ضاغطة عـلى الإدارة في تلـك المـنظمات وبشكل عام فإن كلاً من هذا النوعين من القيادة لا غنى عنة في المنظمة والقيادة الرسـمية وغير الرسمية متعاونات في كثير من الأحيان في تحقيق أهداف المنظمة وقلما أن تجتمعا في شخص واحد.

مثل بريطاني (the boss is born not made)**القائد يولد ولا يصنع:**

وهو تسـاؤل مشـهور اختلفـت إجابـات المتخصصـين عليـه اختلافـاً واسـعا ، فأكـد بعضهم إلى أن القيادة موهبة فطريـة تمتلكهـا فئـة معينـة قليلـة مـن النـاس،يقول واريـن بينسي :((لا تستطيع تعلم القيادة شخصية وحكمة وهما شيئان لا يمكنك تعليهما)) ، وأكد آخرون أن القيادة فن يمكن اكتسابه بـالتعليم والممارسـة والتمـرين ،يقـول وارن بـلاك ((لم يولد أي إنسان كقائد ، القيادة ليست مبرمج في الجينات الوراثية ولا يوجـد إنسـان مركـب داخليا كقائد ((ومثله بيتر داركر يقول))القيادة يجب أن تتعلمها وباستطاعتك ذلك))

والذي يتبين لنا أن القيادة تكون فطرية وأخرى تكون مكتسبة فبعض الناس يرزقهم الله تعالى صفات قيادية فطرية كما قال النبي صلى الله عليه وسلم للاحنف بن قيس رضي الله عنة ((انك فيك خصلتين يحبهما الله: الحلم والأناة ،فقال الاحنف: يا رسول الله: أنا تخلقت بهما أما الله جبلني عليهما؟ قال: بل الله جبلك عليهما فقال: الحمد لله الذي جبلني على خلقين يحبهما الله ورسوله))

ثالثا : صفات القائد الإداري

قام كلا داني كوكس (DANNY COX) وجون هوفر (JOHN HOOVER) دراسة على مجموعة من القادة الادارين في بعض المنظمات واستطاعو من خلالها تلخيص صفات القائد إلى عشر صفات هي :

١. صقل المقاييس العليا للأخلاق الشخصية :بحيث لا يستطيع القائد الفعال أن يعيش أخلاقيات مزدوجة أحداها في حياتة العامة (الشخصية)والأخرى في العمل ، فالأخلاقيات الشخصية لا بد أن تتطابق مع الأخلاقيات المهنية

٢. النشاط العالي : بحيث يترفع القائد عن توافه الأمور وينغمس في القضايا الجليلة في حال اكتشافه بأنها مهمة ومثيرة

٣. الإنجاز : فالقائد الفعال تكون لدية القدرة على انجاز الاولويات ، غير أن هناك فرقا ما بين أعداد الاولويات وإنجازها

٤. امتلاك الشجاعة : فهناك فرقا في الطريقة التي يتعامل بها الشخص الشجاع والشخص الخجول مع الحياة ، فالشخص الجريء المقدام قد يلجأ إلى المشي على الحافة بهدف انجاز الأعمال مع تحمله لكافة النتائج المترتبة على ذلك والمسؤولية الكاملة ، في حين أن الشخص المسالم ذا الحركة البطيئة والثقيلة يعكس على المشي بحذر وعلى أطراف الأصابع بهدف الوصول إلى الموت بسلام

٥. العمل بدافع الإبداع : القادة الفعالون بدوافعهم الذاتية للإبداع والشعور بالضجر من الأشياء التي لا تبدي نفعا أما الأفراد الذين يتمتعون بالحياة والإقدام فلن يكون لدية

الصبر لإنتظار رنين الهاتف من اجل البدء بالعمل، فالقائد الفعال هـو شـخص مبـدع خلاق يفضل إن يبدأ بطلب المغفرة على طلب الإذن.

٦. العمل الجاد بتفان و التزام : فالقادة الفعالين يقوموا بإنجاز أعمالهم بتفان وعطاء كبـير كما يكون لديهم التزام تجاة تلك الإعمال

٧. تحديد الأهداف : فجميع القادة الفعالين الـذين تـم دراسـتهم يمتلكـون صـفة تحديـد الأهداف الخاصة بهم والتي تعتبر ذات ضرورة قصوى لاتخاذ القرارات الصعبة

٨. استمرار الحماس: إن اغلب القادة يمتلكون حماس متقد، فهم تماماً كـل الأشـعة لا تنطفىء أبدا لتبقى متقدمة على الدوام ، فنمو القائد وتطوره يتطلب حماس لا يهمـد وإذا كان الفرد في حيرة حول الكيفية التي يمكن الحصول بها عـلى ذلـك الحـماس فـما علية إلا إعادة الصفات القيادية السابقة لوجـود علاقـة وثيقـة ومتراصـة بـين تلـك الصفات

٩. امتلاك الحنكة : فالقائد هو ذلك الشخص مستوى رفيعاً من الحنكة بحيث يتمكن مـن تنظيم المواقف الفوضوية ، فهو لا يتجاوب مع المشاكل بل يستجيب لها

مساعدة الآخرين على النمو: فالقادة الحقيقيين لا يسعون للتطويـر والنمـو الـذاتي فقط، وعندما يكون جو العمل سليما وصحيحا وخاليـا مـن التفاهـات يـتم حينهـا تبـادل الأفكار بحرية مما يؤد إلى التعاون، ومن خلال هذا التعاون تصبح المنظمة والعاملون فيهـا جزءاً متكاملاً لا يتجرأ منتجين فريقا يتصدى لأقوى الفرق والمهام

أما د. السيد عليوة حدد الصفات الشخصية و القيادية كما يلي :

أ. الصفات الشخصية :

١. السمعة الطيبة والأمانة والأخلاق الحسنة

٢. الهدوء و الاتزان في معالجة الأمور والرزانة والتعقل عند اتخاذ القرارات

٣. القوة البدنية والسلامة الصحية

٤. المرونة وسعة الأفق.

٥. القدرة على ضبط النفس عند اللزوم.

٦. المظهر الحسن.

٧. احترم النفس واحترام الغير.

٨. الايجابية في العمل.

٩. القدرة على الابتكار وحسن التصرف.

١٠. أن تتسامى علاقته مع زملائه ورؤسائه و مرؤوسيه بالكمال والتعاون.

ب. الصفات القيادية :

المهارات والقدرات الفنية والتي يمكن تنميتها بالتدريب واهمها ما يلي :

١. الإلمام الكامل بالعلاقات الإنسانية وعلاقات العمل.

٢. الإلمام الكامل باللوائح والقوانين المنظمة للعمل.

٣. القدرة على اكتشاف الأخطاء وتقبل النقد البناء.

٤. القدرة على اتخاذ القرارات السريعة في المواقف العاجلة دون تردد.

٥. الثقة في النفس عن طريق الكفاءة العالية في تخصصه واكتساب ثقة الغير.

٦. الحزم وسرعة البت وتجنب الاندفاع والتهور.

٧. الديمقراطية في القيادة وتجنب الاستئثار بالرأي أو السلطة.

٨. القدرة على خلق الجو الطيب والملائم لحسن سير العمل.

٩. المواظبة والانتظام حتى يكون قدوة حسنة لمرؤوسيه.

١٠. توخي العدالة في مواجهة مرؤوسيه.

١١. تجنب الأنانية وحب الذات وإعطاء الفرصة لمرؤوسيه لإبراز مواهبهم وقدراتهم

١. اختيار القادة الإدارين واكتشافهم

تفشل الكثير من المنظمات في الوصول إلى صورة محددة واضحة عن المرشحين لمراكز قيادية بسبب الخلل في الإجراءات التي تتخذها لتقييم المرشحين لتلك المراكز

فغالبا ما يؤاخذ أشخاص واعدين جداً بخطأ واحد في حين يصل المحظوظون متوسطوا الكفاءة إلى المراكز العالية.

فعملية اختيار القادة الإداريين غاية في الدقة وتتطلب عناية بالغة، لذلك فإنه يمكن أن تتم وفق القواعد التالية:

أولاً : تقدم رئاسات الأجهزة ترشيحها للأفراد الذين يتولون المناصب القيادية دون التقييد بقاعدة الأقدمية على أن تؤخذ في الاعتبار عند الترشيح القواعد والمعايير التالية:

أ. توافر الصفات المطلوبة في القائد الإداري.

ب. الكفاءة في العمل والقدرة على الإنتاج.

ح. أن تكون التقارير التي كتبت عنة طوال مدة خدمته عالية وخالية من الانحرافات.

ج. أن يكون سلوكه خارج مجتمع الوظيفة سلوكاً سليماً.

د. أن يكون مارس أعمال القيادة في المستوى الإشرافي الأول بنجاح.

و. أن يكون الخيار النهائي مبني على نتائج التدريب.

ز. توافر الصفات العامة والخاصة التي تلزم الوظيفة المرشح لها.

ثانياً : أن يكون الترشيح قبل التعيين في الوظيفة القيادية بفترة زمنية معقولة تتيح لجهات الاختصاص تحري الدقة اللازمة في إجراء عملية الاختيار.

ثالثاً: أن تعد من حين لآخر دورة تدريبية لإعداد المرشحين للمستوى القيادي المطلوب ويتم تقييم المرشحين خلال ستة أشهر عن طريق :

١. التقارير عن المرشح في نهاية الدورة التدريبية.

٢. التقرير الفني عن أداء وإنتاج المرشح الذي تعد رئاسته الفنية نتيجة للتفتيش الفني في أدائه.

٣. التقرير عن الكفاءة الإدارية نتيجة للتفتيش الإداري بواسطة أجهزة الرقابة المختصة.

٤. التقرير عن النواحي السلوكية والعقائدية.

ويتم تجميع التقارير المطلوبة وترفع إلى الجهة صاحبة السلطة في التعيين لإصدار القرار اللازم.

ويتأثر اختيار القائد بمؤثرات قد تختلف بعض الشيء في جوهرها عن اختيار المدير ومن أهمها :

١. حجم المنظمة ونوعها : فحجم المنظمة ونوعها يمكننا من خلف الظروف المواتية لصنع القائد ووجود جمع من الأتباع يساندونه

٢. موقع المنظمة : فوجود المنظمة في منطقة مكتظة بالسكان له تأثير مخالف عن وجودها في المنظمة نائية أو غير مكتظة بالسكان.

٣. نوع المشكلة التي تصنع الموقف الذي بدورة يصنع القائد :فهل هي مشكلة عامة تتعلق بالأجور والحوافز أم مشكلة فنية تتعلق بالأجهزة والآلات عامة والمعدات، وعلى سبيل المثال فإن مشكلة استخدام معدات مستهلكة وأسلحة وذخيرة فاسدة في حرب ١٩٤٨ ضد اليهود في فلسطين وما ترتب على ذلك من آثار خلفت مواقف وصنعت قيادات قامت بثورة يوليو سنة ١٩٥٢م.

٤. نوع العاملين ومدى إيمانهم بمشكلتهم : أي مدى معرفتهم لأبعادها وقدرتهم على صنع القيادة بتأييدها والالتفات من حولها وحمايتها من الضغوط التي تقع عليها والأذى الذي قد يتوقعها.

٥. المناخ المناسب لظهور القائد والقدرة على الاستمرار في الوقوف من حوله فالمناخ الديمقراطي يساعد على ظهور القيادات كما يعاونها على الحركة أما المناخ الاستبدادي الذي يعتمد على القهر وعلى البطش فلا يساعد على ظهور القيادات وممارستها لمهامها ولكنة قد يصنعها لتعمل طويلا في الخفاء.

٦. الوقت المناسب :فكما أن المناخ يؤثر في صنع القيادات وظهورها فإن الوقت المناسب يكون له تأثير بالغ على ذلك أيضا.

مقدار الوقت المتاح يؤثر هو الأخر في صنع القيادات وظهورها، ففي المنظمات الحديثة قد لا تتاح الفرصة لصنع القيادات (بينما قد يحتاج ذلك لتلك المنظمة في الأجل الطويل)

الأخطاء الرئيسية في عملية التقييم

قد لا ينتج معلومات دقيقة ومتكاملة عن عملية التقييم في العديد من المنظمات مما يجعل كبار المديرين عرضة للكثير من الأخطاء عند تقييمهم للمرشحين، ومن تلك الأخطاء الرئيسية:

١. النزعة إلى المبالغة في تقدير أهمية بعض الصفات والخصائص مثل؛ المهارة في العمل كعضو في فريق : يفصل كبار المديرين الأشخاص الذين يديرون إدارتهم أو أقسامهم بسلاسة وبدون مشاكل مع العاملين ومثل هؤلاء الأشخاص عادة ما يصعدون السلالم الوظيفية بسرعة بسبب هذة الخاصية، لأن كبار المديرين لا يريدون أن يضيعوا وقتهم في حل المشاكل والحفاظ على الوئام بين مديري الإدارات والأقسام الوظيفية وموظفيهم، إلا أن مثل هؤلاء الأشخاص لا يمكن أن يصبحوا قادة مميزين، لأن القادة المميزين ليسو عدة لاعبين ضمن فريق بل ربما يفضلون أن يعمل العمل الآخرون كفريق في حين أنهم يرددون الشعارات المؤيدة للفرق، ولكن عندما يتطلب الأمر اتخاذ قرار حاسم فإنهم يدركون أنهم ليسوا في حاجة ماسة إلى الاستماع الكامل إلى الآخرين قبل القيام بخطواتهم، فهم مستقلون في تفكيرهم ولا يمانعون في اتخاذ القرارات بأنفسهم وهي قرارات تجعلهم في عزلة عن المجموعة.

٢. التدريب الشخصي : من الاعتقادات الخاطئة والشائعة أن القادة يمكن أن يطوروا الآخرين عن الطريق التدريب الشخصي والمباشر لهم، إلا أن الكثير من القادة المتميزين يفضلون اختيار مرشحين أقوياء ومتمكنين ومن ثم إعطائهم صلاحيات كافية ومنحهم الفرص لتطوير أنفسهم من خلال تجاربهم الاستفادة من أخطائهم.

٣. البراعة في الأعمال التشغيلية : كثير من كبار المديرين يبالغون في تقدير قيمة المديرين الجيدين في أداء الأعمال التشغيلية وفي حل المشكلات لأنهم يسهلون وييسرون عليهم العمل، وعلى الرغم من أن مثل هؤلاء قد يكونون في وضع جديد في منظماتهم، إلا أنهم غالباً لا يكونون قادة فعالين، حيث يعتمد هؤلاء المديرون الفنيين والمختصون بشكل رئيسي على الأنظمة والسياسات والإجراءات فيكون هناك جمود تام، لذا فإنهم يعتقدون أنه على كل شخص أن يعمل بـنفس الأسلوب والطريقـة، فهؤلاء يمكن أن ينجحوا في منظماتهم وأن يصلو إلى أرفع المراكز، لكن هذا الأمر قد يـؤدي إلي اغتراب وانعزال الآخرين في المنظمة يحد من إبداعهم.

٤. الخطابة الفعالة : إن كبار المديرين يبالغون في أهميـة كيفية الظهور أمـام النـاس، وبشكل خاص يركزون على مهارات الإلقاء ومع أن هذة المهارات مهمة إلا أنة يمكن أن تطور بالتدريب المكثف.

٥. الطموح الواضح : يتسبب الانطباع المتعلق بعدم وجود طموح واضح في فقد الكثير مـن الناس للترقيات المستحقة، ولسوء الحظ فإن كبار المـديرين يغفلـون عـن أن طمـوح الشخص قد لا يكون معبراً عنه.

٦. التشابه والانسجام : كثير من كبار المديرين يفضلون الأشخاص الـذين لـديهم خلفيـات وتجارب وصفات تشبههم، وفي بعض الأحيان فإن المرشحين الواعدين يـتم تجـاهلهم بسبب الاختلاف في العراق أو الجنس أو الخلفية الاجتماعية أو الاقتصادية أو الثقافيـة أو الاكاديمية أو الجغرافية أو بسبب أنهم لم يتولو مناصب في شركات متشابهة.

المهام الأساسية للقائد المدير :

لا شك أن القيادة لا تأتي بالتنصيب أو الاعتبارات الخاصة لا تـأتي بالمال أيضـا، بـل هي قدرات خاصة ومواهب يعتمد عليها القائد وتضفي عليها التجارب وقوة التفكير وسعة الأفق ورحابة الصدر مهارات رائعة تجعله يمسك بزمام الأمور بثقـة و اقتدار بـل لا

بد من أن يتولى القائد مهاماً أساسية في المنظمة التي يديرها حتى يصلح أن يكون في هذا المقام، وتقسم مهام القائد في الغالب إلى قسمين :

مهام رسمية تنظيمية :

وتتلخص المهام الرسمية في مراعاة تنفيذ مبادئ التنظيم الإداري في المنظمة لـكي تسير الأمور بانضباط وجدية، وأبرز هذة المهام ما يلي:

١. **التخطيط:** أي رسم السياسات ووضع الاستراتيجيات وتحديد الأهداف البعيدة والقريبة، ووضع الموصلة إليها، وتحديد الموارد والإمكانيات المادية والبشرية في ذلك كله، ولكي يتمكن القائد من إنجاز مهامه بشكل فاعل وناجح علية أن يقوم بتوضيح أهداف المنظمة للعاملين معه، والاستماع إلى آرائهم حول القضايا، والتعرف على أهدافهم الشخصية، وليس الحصول على تعهداتهم والتزاماتهم البعيدة والقريبة ، ووضع الخطط الموصلة إليها، وتحديد الموارد والامكانات المادية والبشرية في ذلك كله، ولكي يتمكن القائد من انجاز مهامه بشكل فاعل وناجح عليه إن يقوم بتوضيح أهداف المنظمة للعاملين معه والاستماع إلى أرائهم حول القضايا والتعرف على أهدافهم الشخصية وليس الحصول على تعهداتهم والتزاماتهم بالمشاركة في انجاز الأدوار والخطط فقط فالقيادة الناجحة والفاعلة تقوم على القناعات الشخصية للأفراد وتحظى بالتعاطف والتعاون بإرادة ورضا وهذا لا يتحقق في الغالب إلا إذا شعر الأفراد أن في انجاز خطط المنظمة وتحقيق أهدافها تحقيقا لأهدافهم وطموحاتهم أيضا ولو تلك الطموحات الذاتية التي يجب أن يشعر فيها الكثير من الأفراد بالاحترام والتقدير والاعتناء برأيهم والاهتمام بدورهم

٢. **التنظيم:** أي تقسيم العمل وتوزيع المسؤوليات والوظائف بين الأفراد وتوزيع العاملين عليها حسب الكفاءات والخبرات والقدرات والطموحات ولا يكون التوزيع ناجحا إلا إذا وضع الرجل المناسب في مكانه المناسب وهذا ما يفرض عليـه أن يراعـي الخبرة والتخصص والقدرة والفاعلية في الأفراد ولعل انجـح أسـلوب وأبقـى

لضمان التنظيم الأقوى هـو التوزيـع عـلى أسـاس اللجـان أو الهيئـات والجماعـات المستقلة التي تحظى بصلاحية التفكير والتخطيط في مهامها حسب نظام شـورى مفتوح ويبقى للمدير دور الاستشارة لأنه في هذا يضمن تفرغـا كبـيرا للإدارة الأهـم ويضمن للأفراد طموحاتهم واحترام أرائهم فهذا الأسلوب يـؤدي دورا كبـيرا في دفع العاملين إلى المشاركة في العمل بحماس وقناعة ويضمن التزامهم في تحقيق الأهداف وبهذا يكفي نفسه المزيد من الرقابة والقلق من التسيب والانفلات

٣. **التنسيق** بين أطراف العمل وأجنحته وتوجيه الجميع للمسير باتجاه هـدف المنظمـة الأول والحث على الأداء بأعلى مستوى من الكفاءة والفاعلية وهنا لا بد للمدير مـن العمل على تذليل العقبات التي تقف أمام التنسيق وتمنـع مـن تحققـه أو تعرقـل نجاحه مـن النزاعـات الشخصية بـين الأفراد أو عـدم قناعـة البـعض الأخر المـؤمن بالفردية أو الذي يصعب عليه تجاوزها للقبول بالجماعية والتنسيق وغـير ذلـك مـن الموانع والمعرقلات التي تواجـه التنسيق والتعاون وهذا مـا يتطلب منـه الاتصال الدائم مـع العـاملين وشرح أهـداف المنظمـة لهـم وتـذكيرهم بها باستمرار لشـحذ هممهم وتحفيزهم للتعاون وبعبارة اخرى مختصرة علية أن يعمل دائمـا لخلق روح الفريـق المتكامل والمتعامل المتحد الأهداف والطموحات

تشكيل شبكة من الاتصالات العمودية والأفقيـة وذلـك لنقل المعلومـات والأفكـار والقرارات والإطلاع على مجريات الأمور وتذليل الصعوبات أو معرفتهـا ليكـون الجميـع في أجواء العمل وتفهم حاجاته ومتطلباته

٤. **المتابعة والإشراف:** فنجاح استمرار الكثير من الأعمال يعود عـلى مهمـة المتابعة التـي يقوم بها المدير مباشرة أو بوساطة المهام والخطط كما تعد المتابعة المستمرة وسيلة للثواب والعقاب والأداة للإصلاح والتقويم والتطوير وأيضا تعد مهمة كبيرة لاكتشاف الطاقات الكبيرة من تلك الخاملة لتحفيز الخامل وترقيـة الكفء مـن المـتحمس إلى

غير ذلك من فوائد جمة فمهمة المتابعة المتواصلة مـن المـدير تعد مـن أكـثر المهـام تأثيرا على الإنجاز وتحقيقه للنجاحات

مهام غير رسمية :

تعتمد بشكل كبير على شخصية وآفاقه وأسلوبه الشخصي في التعامل مع الآخرين إلا أن لها ادوار الكبير في تحقيق أهداف المنظمة وتطوير العاملين وتماسكهم ومن هذه المهام :

١. الاهتمام بالجماعات غير رسمية : وهي عبارة عن جماعات تتكون بشكل طبيعي وفي كل جماعة مصالح مشتركة تجمعهم بشكل اختياري أو مخطط فيعملون على فـرض سياسة تخدم أهدافهم بعيدا عن شكل الإدارة الرسمي كجماعات اختصاص العلمـي أو الانتماء الإقليمي أو الديني أو غير ذلك وهنا يتوجب علـى القائـد الاهتمام بهـذا الجماعات وإقامة اتصالات جيدة معهم وذلك بهدف اقتراب مـنهم والتعرف علـى مشكلاتهم وأفكارهم من الداخل لتذليل الصعوبات وتحقيق ما يمكن تحقيقه بمـا لا يضر بمصالح المنظمة بل يصب في خدمتها

٢. الاتصال مع الجماعات المختلفة في المنظمة : بحيث يكسر الحاجز بين الطابع الرسمي الذي يفرضه العمـل وغـير الرسمـي الـذي يفرضـه الشعـور أو الطمـوح أو المصـلحة المشتركة مما يجعل المدير متفهما لمطالبهم وبذلك يحتويهم نفسيا وفكريا ويبعد عنهم المضايقات كما يقرب وجهات النظر معهم من خلال شرح رؤيته بلا نقل مـن الغير كما يمنع من الحدس والتحليلات البعيدة عن الواقع فيحـول دون الانقسامات والاضطرابات التي قد تحدث جراء هـذا الخـلاف وبهـذا يكـون قـد ضـمن الوحـدة والتفاهم وتحقيق النجاح للجميع

٣. المشاركة : وقد بات أنموذج الإدارة التشاركية حقيقة مفروضة على واقع المـنظمات إذا أرادت الانتصار في المجالات المختلفة وتتمثل القيـادة التشـاركية في إقامـة العلاقـات الإنسـانية الطيبـة بـين القائـد والعـاملين معـه واحتـوائهم عاطفيـا وتحسيسـهم

بأهميتهم ومواقعهم من قلب القائد ورعايته فيجعلهم دائما ظله وكنفه ينعمون بالراحة والطمأنينة والثقة به وبهذا يمنع من وجود الأفراد يسبحون خارج فضاء المنظمة وان وجد منهم فان أسلوبه الحكيم هذا من شانه أن يحتويهم

٤. **القدرة على المبادرة** : فالقائد الفعال هو القائد القادر على الشروع بأعمال جديدة من تلقاء نفسه، ويعتبر هذا القائد ممن يثقون بأنفسهم ولديهم القدرة على المبادرة باكتشاف المشاكل والثغرات.

٥. **القدرة الفنية:** بالإضافة إلى القدرات الإدارية يعتبر القائد الذي يمتلك قدرات فنية في العمل الذي يديره أكثر صلة بمرؤوسيه ممن لا يمتلك مثل هذه القدرات الفنية، وبذلك يكون هذا القائد أكثر كفاءة وأكثر فعالية.

٦. **دعم المرؤوسين:** فالمدير الذي يشجع مرؤوسيه ويثني عليهم ويمدحهم بشكل يساعد على رفع معنوياتهم ودفعهم لمزيد من العطاء، يكون أكثر فعالية من غيره وقد يدفع لمزيد من الأداء عن طريق رفع معايير الأداء.

٧. **التغذية الراجعة**: هي خاصية مهمة لا بد من توافرها لدى القائد ليكون فعالا بحيث تمكن المرؤوسين من معرفة موقعهم وبعدهم عن الأهداف التي يسعون لتحقيقها، كما أنها تمكنهم من معرفة أداءهم الفعال وفي ذلك تعزيز ايجابي لهم.

أساليب القيادة: من الأنماط القيادية.

الإدارة السلبية (المتساهلة):

إن هذا النمط من القادة الإداريين يولون اهتماما ضئيلا جدا للإفراد والنتاج على حد سواء وبالتالي فالنتيجة المتوقعة لمثل أولئك القادة هي عدم تحقيقهم لأي أهداف إنتاجية وعدم تحقيق أي درجة معقولة من الرضا الوظيفي بين العاملين في وحداتهم التنظيمية وينعكس ذلك بطبيعة الحال على علاقات العمل حيث تسودها الصراعات والخلافات المستمرة.

الادارة العلمية (السلطوية):

يعبر هذا النمط عن اهتمام كبير بالإنتاج وبتحقيق النتائج العالية حتى ولو تم ذلك على حساب العاملين حيث يقل الاهتمام بهم إلى درجة كبيرة، ويعكس هذا النمط الإداري المبادئ التي نادى بها فريدريك تايلور في نظريته (الإدارة العلمية)، ويؤمن القادة الإداريين بوجوب استخدام السلطة مع المرؤوسين لإنجاز العمل وأهمية فرض أساليب الرقابة الدقيقة على أعمالهم، ودائما ما يضعون تحقيق النتائج وكأنه الهدف الوحيد الذي يسعون إليه حتى ولو تم ذلك على حساب العاملين ومشاعرهم.

الإدارة الاجتماعية :

يعكس هذا النمط الإداري اهتماما كبيرا بالعنصر الإنساني ويتم ذلك أحيانا على حساب تحقيقهم للأهداف الإنتاجية المطلبين بتحقيقها، وكثيرا ما يتمادى هؤلاء القادة في تقدير أهمية مراعاة العلاقات الإنسانية فيسعون بشتى الطرق للقضاء على أي مظاهر قد تنتج عنها خلافات بين العاملين حتى ولو كان ذلك على حساب الإنتاج.

الإدارة المتأرجحة :

يشبه هذا النمط الإداري ببندول الساعة الذي يستمر في التأرجح بين طرفي المدى الذي يتحرك فيه ولا يثبت عند وضع معين، ففي بعض المواقف يلجا القادة المنتمون لهذا النمط إلى أسلوب (٩/١) وذلك عندما يشعرون باحتمال مواجهتهم للمتاعب من جانب العاملين من اجل الإنتاج وكثيرا ما يؤمن هؤلاء القادة بأسلوب منتصف الطريق.

الإدارة الجماعية :

إن القادة الذين ينتمون إلى هذا النمط الإداري يولون عناية فائقة واهتماما كبيرا لكل من بعدي الإنتاج والعاملين فمثلا لتحقيق الهداف الإنتاجية الطموحة وينبني ذلك على إيمان عميق بأهمية العنصر البشري وإشباع الحاجات الإنسانية لدى هؤلاء القادة

وبالتالي يحققون مفاهيم المشركة الفعالة للمرؤوسين في تحديد الأهداف واختيار أساليب التنفيذ والمتابعة اللازمة للأهداف المطلوب تحقيقها.

ويمثل هذا الأسلوب القيادي تسود الجماعة روح الفريق ومفاهيم التعاون وتسود علاقات الإخاء والود بين القادة و المرؤوسين وبين المرؤوسين مع بعضهم.

الإدارة المتقلبة :

تتكون هذه الإدارة من مزيج من الأنماط الستة السابقة حيث يستخدم القائد احد الأنماط الستة أو مزيج منها بما يناسب طبيعة المرؤوسين ويساعد القائد في الحصول على المنفعة الشخصية التي ربما يهدف إليها ويمكن لهذا القائد أن يهدد المرؤوس أو يقدم له منفعة شخصية بالمقابل أو يستغله.

من التوجيه الإداري أنماط أو أساليب القيادة :

هناك عدة نماذج قيادية تحدد وفقا لفلسفة وشخصيته وخبرته ونوع التابعين واهم هذه الأنماط:

القيادة الدكتاتورية :وهو القائد الذي تتركز بيده السلطة ويتخذ كافة القرارات بنفسه ويمارس مبدأ التخويف ويتحكم بشكل كامل بالجماعة التي يديرها.

القيادة الديمقراطية:يمارس القائد هنا المشاركة والتعاون وتبادل الآراء مع الجماعة التي يعمل معها،

القيادة السهلة :وهي قيادة تتسم بالتسيب وانخفاض الأداء.

القيادة الغير موجهة : هي أن يترك القائد سلطة اتخاذ القرار للمرؤوسين وهو في حكم المستشار وينجح هذا الأسلوب عندما يتعامل القائد مع أفراد ذوي مستويات ثقافية وعلمية عالية كما هو الحال في مؤسسات الأبحاث والدراسات والجامعات.

أسلوب الخط المستمر في القيادة: هذا النمط ينظر الى القيادة باعتبارها سلسلة من النشاطات القيادة في احد أطرافها يعتمد المدير القائد على استخدام سلطاته بأوسع

معانيها ويركز اهتمامه على إصدار الأوامر واتخاذ الإجراءات بإنجاز العمل وفي الطرف الآخر من السلسلة يعطي القائد اهتماما كبيرا إلى المرؤوسين من خلال منحهم حرية أوسع في الشركة واتخاذ القرار ضمن إطار عام.

الإتصال Communication

تعريف الإتصال وماهيته:

ويمكن تعريف الاتصال بأنه: عملية يتم بموجبها نقل أو تحويل معلومات، وأوامر، وآراء، وتعليمات.. إلخ من جهة لأخرى التي قد تكون فرداً أو جماعةً، وذلك من أجل إحاطتهم بها، والتأثير في سلوكهم وتفكيرهم وتوجيههم الوجهة الصحيحة المطلوبة، باستخدام وسيلة اتصال مناسبة، بهدف ضمان استمرارية العمل في المنظمة، فالاتصال إذن عملية نقل أو توصيل لمعنى مقصود Intended إلى الآخرين.

وينطوي هذا التحديد على أن المرسل (أو المتصل) عند الاتصال يكون لديه مفهوم واضح عن معنى Meaning معين يريد نقله أو توصيله لشخص آخر أو جهة أخرى.

وليحقق الاتصال غرضه يجب أن نتأكد من أن المرسل إليه (المستقبل) قد استقبل المعنى وفهمه. يتضح من ذلك أن الاتصال يتكون من ثلاثة أركان يمكن تصويرها على شكل مثلث له ثلاثة رؤوس كل رأس يمثل ركناً في عملية الاتصال كما هو مبين في الشكل.

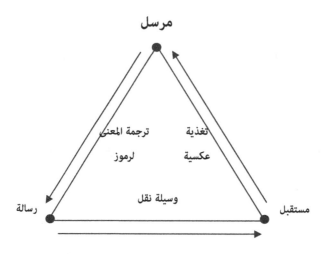

وفيما يلي توضيح للشكل السابق:

١- **المرسل:** ويسمى بالمتصل الذي يواجه موقفاً أو حدثاً يدرك معناه ويريد نقله أو توصيله لشخص آخر أو جهة أخرى.

٢- **الرموز:** يقوم المرسل بتحويل المعنى إلى رموز معينة (جُمل، أشكال، .. إلخ).

٣- **الرسالة:** وتحمل مجموعة الرموز التي توضح المعنى المراد نقله.

٤- **وسيلة نقل:** من أجل توصيل المعنى.

٥- **المُستقبِل:** تحدث الرموز لديه عملية فكرية يدرك من خلالها المعنى المقصود.

٦- **الاسترجاع:** ويمثل ردة الفعل لدى المستقبل التي تؤكد فهمه للمعنى.

ويمكن تحديد هدف الاتصال داخل العمل، بأنه يسعى لإحداث التفاعل بين أجزاء المنظمة وأعضائها، وتنسيق العمل فيما بينهم، بما يخدم المصلحة العامة، وبشكل يجعل الرؤساء قريبين من مرؤوسيهم، قادرين على حل مشاكلهم، وتقوية روح التعاون بينهم، لذلك يعد الاتصال أداة فعّالة يحتاج إليها القائد الإداري في عملية الإشراف والتوجيه،

والمشرف الناجح هو الذي يصرف جزءاً كبيراً من وقته وجهده في عملية الاتصال مع مرؤوسيه في سبيل تحقيق التفاعل المستمر بينه وبينهم.

وبوجه عام عندما نستخدم كلمة الاتصالات في الكتابات الإدارية يجب أن نميز بين معنيَيْن مترادفَيْن يكمل أحدهما الآخر.

المعنى الأول ويشير إلى الاتصالات الرسمية التي تتقيد بخطوط وقنوات السلطة الرسمية عبر الهيكل التنظيمي، والثاني يشير إلى الاتصالات المتبادلة الشخصية التي تتم بين الأفراد وتكون شفهية تنقل درجة كبيرة من المعلومات وبسرعة، وتتأثر بالعوامل النفسية والعاطفية والدوافع والأحاسيس.

والتوجيه الجيد هو الذي يعتمد على الاتصال الرسمي والشخصي- بآن واحد، لكن التركيز يجب أن يتم على الرسمي لعلاقته بموضوع السلطة وخطوط الاتصالات الرسمية عبر الهيكل التنظيمي للمنظمة.

الاتصال كعملية Communication as a Process

في ضوء ما تقدم من شرح حول ماهية الاتصال؛ يمكن القول إن الاتصال يشتمل على ثمانية عناصر يشكل مجموعها عملية الاتصال، وذلك منذ بدايتها وحتى نهايتها.

وهذه العناصر عبارة عن مراحل متسلسلة متلاحقة، وفيما يلي توضيح لها:

١- **الهدف Goal**: ويمثل الشيء المراد تحقيقه من وراء القيام بعملية الاتصال.

٢- **المرسِل Sender**: ويطلق عليه تسمية المتصل وقد يكون فرداً أو جماعةً، ويتوقف نجاح الاتصال على قدرته وكفاءته في عملية نقل مضمون الاتصال.

٣- **المستقبل Recever**: وقد يكون فرداً أو جماعةً، وهو الذي يتلقّى مضمون الاتصال من المتصل.

٤- **الرسالة (المعنى) Message:** وتمثل مضمون الاتصـال الـذي يريد المتصـل نقلـه إلى المستقبل، ويكون على شكل أوامر، أو تعليمات .. إلخ.

٥- **وسيلة الاتصال Media:** ويمثل الأداة التي بواسطتها يـتم نقل مضمون الاتصـال مـن المرسل إلى المستقبل. ووسائل الاتصال متنوعة منها ما هو كتابي، ومنها مـا هـو شـفهي، ومنها ما هو سمعي، ومنها ما هو مرئي، واختيارها يتوقف على مضمون الاتصال.

٦- **نتيجة الاتصال Reaction:** وتعبر عن ردة الفعل الذي يحدثها الاتصال لدى المتصل به، وتتمثل بالتغيير الذي ينشأ عن الاتصال في سلوك وأداء وتفكير المستقبل أو المستقبلين.

٧- **التغذية العكسية Feed-Back:** ويمثل تأكد المتصل بأن مضمون الاتصال قد تـم فهمـه واستيعابه من المستقبل، وأنه قد أحدث ردة الفعل المطلوبة التي يريدها.

٨- **معوقات Barriers:** ويقصد بها مجموعة مـن العوامـل التـي تـؤثر في فاعليـة ونجـاح الاتصال في تحقيق هدفه، وقد يكون سببها المتصـل أو المسـتقبل، أو الرسـالة، أو أداة الاتصال.

أنواع الاتصالات:

يمكن تصنيف الاتصالات التي تتم داخل المنظمة ضمن نوعين أساسيين هما:

الاتصال الرسمي Formal Communication:

وهو الذي يتم من خلال شبكة الاتصالات الرسمية وعبر خطوط السـلطة التـي تـربط كافة أجزاء المنظمة بعضها ببعض، وبالتالي فهو يمكن أن يتم من الأعلى للأسـفل، وفي هـذه الحالة ينقل أوامر وتعليمات وتوجيهات من المستويات الإدارية الأعلى للمستويات الأدنى، ويُطلق عليه: «الاتصال الرسمي الهابط» Down Ward، كما يُمكن أن يتم

بشكل معاكس، أي: من المستويات الإدارية الأدنى للمستويات الإدارية الأعلى، وفي هذه الحالة ينقل آراء ومعلومات عن تنفيذ العمل،وشكاوى.. إلخ.

ويُطلق عليه «الاتصال الرسمي الصاعد» Up-Ward.

ويمكن أن يتم بشكل أفقي، ويسمى بـ«الاتصال الرسمي الأفقي» Horizontal، ويكون بنفس المستوى الإداري الواحد، وينقل معلومات لغاية التنسيق.

وهناك اتصال آخر يُطلق عليه «الاتصال القطري» Diagonall، كأن يقوم رئيس في سـمتوى الإدارة العليـا بالاتصال مـع مـرؤوس في الإدارة المباشرة دون الرجوع إلى رئيسه المباشر في الإدارة الوسطى.

وأيًّا كان نوع الاتصال الرسمي فهو يتم غالباً بشكل كتـابي أو شـفهي، مسـتخدماً أحـد أدوات الاتصال، كالكتابة، أو الأجهزة المرئية، أو الصوتية، أو السمعية.

وفيما يلي توضيح للاتصال الكتابي والاتصال الشفهي اللذان يعتبران الاتصال الأساسي الذي يشيع استخدامهما:

١- الاتصالات المكتوبة Written Communication:

الخطابات، المذكرات، التقارير، جميعها أسئلة عن الاتصالات المكتوبـة التـي تسـتخدم لنقـل المعلومـات إمـا إلى أدنى، أو إلى أعـلى، أو أفقيًّـا داخـل المنظمـة وتمثـل الأوامـر والتوجيهات، والبيانات الرسمية للسياسات والإجراءات وطرق العمل، والبلاغات، والنشرات الدورية، والتقارير السنوية، والكتيبات، الاتصال إلى أدنى.

في حين تمثل الشكاوى المكتوبة، ونظم الاقتراحات، والمعلومات التي يتم الحصول عليها من بحوث الاتجاهات والمواقف والحالة المعنوية، اتصالات صاعدة إلى المستويات الأعلى في المنظمة.

أمـا الخطابـات والمـذكرات بـين رؤسـاء الإدارات فهـي أمثلـة عـن الاتجـاه الأفقـي في الاتصالات، وقد يستخدم توزيع الصور الكربونية مـن المـواد المكتوبـة إلى جميـع الأطراف المعنية كوسيلة لاتجاه المعلومات في عدة اتجاهات في الوقت نفسه.

٢- الاتصالات الشفهية Oral Communication:

على الرغم من قيام منظمة الأعمال باستهلاك أطنان من الورق خلال العام في الاتصالات المكتوبة؛ إلا أنه يتم نقل النسبة الأكبر من المعلومات عن طريق الاتصالات الشفهية، سواءً بالمقابلة أو عن طريق الهاتف.

وتضم الاتصالات الشفهية عدداً قليلاً من الناس أو مئات يحضرون جلسات التدريب أو المؤتمرات، ويمكن القول إن جميع الاتصالات الشفهية تقدم احتمالات الاتجاه المزدوج للمعلومات.

والاتصال الشفهي قد يكون اتجاهه إما رأسيًا أو أفقيًا طبقاً للمراكز التنظيمية للمشتركين في هذا الاتصال.

وبشكل عام يفضل أغلب أعضاء المنظمة الاتصالات الشفهية عن المكتوبة؛ لأنها تبدو أسرع، وتوفر استرجاعاً فوريًا في شكل أسئلة والتعبير عن الموافقة أو غير الموافقة، على أن يعزز فيما بعد بكتب رسمية في حالة وجود أوامر وتعليمات أو تفويض للسلطة، فمثل هذه الأمور لا يجوز أن تكون شفهية.

فاعلية الاتصال Effectiveness of Communication

تتأثر فاعلية الاتصال بمجموعة من العوامل نعرض أهمها فيما يلي:

١- أن يكون خط الاتصال قصيراً ومباشراً قدر الإمكان، كي لا يحدث تحريف في مضمون الاتصال عند انتقاله من جهة لأخرى.

٢- أن يدرك المتصل حقيقة ما يريد نقله للآخرين، فإذا لم يكن ملمًا بمضمون ما يريد إيصاله لجهة ما؛ لن يكون هناك اتصال بمعنى الكلمة.

٣- أن يراعي المتصل الوضوح في التعبير عما يريد نقله، بحيث لا يحدث التباساً لدى المستقبل في فهم مضمون الرسالة.

٤- أن تتصف عملية الاتصال بالمرونة، بحيث يترك قدر من الحرية في تعديل وشرح المعلومات المرسلة من الأعلى للأسفل، بما يتلاءم مع المستوى الفكري والثقافي

للمرؤوسين في المستوى الإداري الأدنى، وهذا مشروط بالمحافظة على مضمون الاتصال، خوفاً من التأويل والتحريف.

٥- أن يتأكد المتصل من اتصاله قد حقق الغاية أو الهدف الذي يريده والذي قامت من أجله عملية الاتصال.

ولتحسين فاعلية الاتصالات، وضعت جمعية إدارة الأعمال الأمريكية مجموعة من النصائح والإرشادات الموجهة للمرسل أو المتصل، التي من المفيد التقيد بها ونورد أهمها فيما يلي:

* حدد الغرض من الاتصال بوضوح، وما الذي تريد تحقيقه من ورائه. هل هو الحصول على معلومات، أو تغيير سلوك، أو نصل، أو إرشاد .. إلخ؟

* في ضوء الغرض من الاتصال حدد الأفكار والمعاني التي تريد نقلها للآخرين، وهنا عليك أن تأخذ في اعبارك المستوى الثقافي والتعليمي والإدراكي لمن سوف يستقبل اتصالك.

* خذ في اعتبارك ألا تحاول تحقيق أهداف متعددة في الاتصال الواحد، فهذا يحدث تشويشاً وإرباكاً لدى من تتصل بهم في فهم ما تريد.

* اجعل مضمون الاتصال تفسيراً لغاية اتصالك، لذلك حاول أن يكون واضحاً ومفهوماً، وهذا يستدعي منك أن تكون لغتك واضحة ومفهومة.

* تابع الاتصال الذي تقوم به، لتقف على العقبات التي تحول دون تحقيق الهدف منه، لتسعى إلى إزالتها، وهنا عليك تشجيع مستقبل رسالتك أن يسألك ويستفسر منك عن الأمور غير الواضحة، أي: اجعل اتصالك في اتجاهين وليس في اتجاه واحد فقط.

* اجعل تصرفاتك تؤيد اتصالاتك، فالاتصال المقنع ليس هو ما تقوله، بل هو ما تفعله، فحينما تتناقض تصرفاتك مع أقوالك فهذا يضعف القناعة بالاتصال الذي قمت به مع مرؤوسيك.

* لا تحاول أن تكون مفهوماً فقط في اتصالك، بل أن تكون فاهماً لأسئلة واستفسارات مرؤوسك أو ممن تتصل بهم، فكن مستمعاً جيداً متفهِّماً لما ينقله مرؤوسوك

لك، فالاستماع مهارة يجب أن تتقنها لكونك رئيساً، وهـذا مـا يسـمى بالاتصـال المتعـاطف الذي سنشرحه في الفقرة التالية.

الإنصات المتعاطف Empathatic Lestening

من المفيد جدًّا في عملية الاتصال الشفهي أن نفهم المعنى الواضح المباشر، وأيضاً المعنى الضمني غير المباشر، ويتم نقل المعنى الواضح المباشر عن طريق معاني الكلمات التي يستخدمها المرسل.

ومن أجل فهمها؛ من الضروري أن نعير انتباهنا العميق إلى كل ما يُقال، فعلينا أن ننصت بـ«الأذن الداخلية» (أن نستخدم شعورنا وإحساسنا في إدراك المعاني الضمنية لدى المرسل) إذا كان علينا أن نسمع الشخص من الداخل.

ويستدعي الإنصات إلى الشخص من الداخل (أي: المعاني الضمنية للرسالة) إلى التعاطف Empathy الذي يتطلب قدرة لدى المستمع على وضع نفسه في مكان الشخص الآخر، وتقلّد دوره ووجهة نظره، وعواطفه، فالإنصات «المتعاطف» هو سماع وفهم المحتوى العاطفي، والمشاعر، والحالة النفسية ومزاج الشخص الآخر، ويتطلب أسلوباً خاصًّا للاستماع.

إن الإصغاء أو الإنصات المتعاطف جزء من الاتصال الشخصي الذي يحدث بين شخصين وفي اتجاهين، وقد استعير مفهومه من الطرق الموجهة المستخدمة في مجال طب علم النفس، التي قام بوضعها وتطويرها الدكتور «كارل روجرز».

بموجب هذه الطرق لا يكون دور الأخصائي بالمعالجة النفسية تشجيع المريض على التحدث وتقوية الاتصال معه خارجيًّا، بل عليه أن يحدث اتصالاً داخليًّا مع المريض ليعرف ما يجول في ذاته.

لذلك يجب أن يُعلّم المريض كيف يعبر عن نفسه، وأن تتاح له هذه الفرصة وهي التعبير، والشيء نفسه في منظمة الأعمال، فالمشرف وباقي أعضاء الإدارة هم بمثابة أو

شبيه بأخصائي الطب النفسي الذي أشير إليه آنفاً، فإذا أرادوا أن يحققوا اتصالاً ناجحاً ذا اتجاهين مع الآخرين؛ يجب في هذه الحالة أن يتيحوا الفرصة للآخرين في أن يعبروا عن أنفسهم.

ولتشجيع مثل هذا التعبير يكون من المناسب استخدام الطرق الموجهة المطبقة في الطب النفسي، التي يقوم بموجبها الشخص المكلف بتنفيذ المقابلة بتشجيع الفرد على التعبير عن مشاعره، وعواطفه، ورغباته، ولتحقيق ذلك على المكلف بإجراء المقابلة أن يصغي بدلاً من أن يتكلم معظم الوقت.

وفيما يلي عرض لبعض الإرشادات التي تحسن من الإنصات المتعاطف:

* لا تُصدر أحكاماً أولية سريعة، فهذا الأمر يضع سدًّا أمامك لفهم كامل ما يقوله لك المتصل (هنا يكون المرؤوس في العادة).

* استمع إلى كل ما يقوله المتصل لك، وأعطِه الفرصة لأن يعبر عن كل ما يجول في خاطره عن طريق التشجيع.

* تذكّر أن الاستماع المتعاطف هو عبارة عن وضع نفسك في موقف الشخص الآخر وهو المتصل (المرؤوس عادةً)، وحاول أن تتحسس المعاني الضمنية أكثر من المعاني المرتبطة بالكلمات التي يقولها، فلاحِظ الحماسة، التوتر، التردد، العداء، الإحباط، المراوغة، الأمور التي تم تجنبها.

* حاوِل الاستفادة دائماً فهذا يشجع المتصل أن يعطيك ما لديه أكثر فأكثر كأن تسأله مثلاً: ماذا حدث بعد ذلك؟ ماذا فعلت عندئذٍ؟ وتجنب الأقوال التي تضع حدوداً للاستمرار في الحديث كأن تقول مثلاً: غير معقول، أنا لا أصدق ذلك!

* بعد الانتهاء من الحديث استرجع جميع المعلومات التي سمعتها، وحاول تحليلها وتفسيرها بعناية من وجهة نظرك وليس من وجهة نظر مرؤوسك.

* حاول أثناء الحديث معك ألا تكون هناك مقاطعات كدخول السكرتيرة، أو الرد على الهاتف، فهذا يشوش المتصل، ويبعدك عن الاستمرارية في فهم ما يُقال لك.

الوحدة الثامنة

الحوافز

الحوافز

مقدمة:

حظي موضوع الحوافز باهتمام من قبل الباحثين وعلماء الإدارة نظراً لتأثره بالأداء وبالسلوك الإنساني للموظف فالحوافز من العوامل والمتغيرات التي تدفع العاملين للوصول إلى أهداف وغايات المشروع في الاستمرار والبقاء، فالحوافز ترتبط برغبات واحتياجات العاملين التي يسعى العامل إلى تطبيقها وإشباعها من خلال المشروع وقد اختلفت النظريات التي عالجت موضوع الحوافز نظراً لاختلاف وجهات النظر حول السلوك البشري في المشروع والإدارة.

وقد ازداد الاهتمام بالحوافز في الوقت الحاضر نظراً لأهمية الحوافز في أداء الموظفين خصوصاً في ظل الاهتمام بالجودة والإنتاجية العالية للمشاريع وعلى الرغم مما يحظى به التحفيز من أهمية في سلوك الموظفين إلا أن اهتمام الإدارة العامة والخاصة بالحوافز وأثرها على أداء العاملين.

مفهوم الحوافز:

من البديهي أن السلوك الإنساني تحدده عوامل ثلاث، سبب منشئ للسلوك، وهدف يسعى الفرد إلى بلوغه وهو يسلك سلوكاً معيناً وأخيراً، قوة دفع توجه السلوك بعد أن تثيره وتواصله وتسهم في توجيهه إلى تحقيق الهدف. وما الحوافز إلا كونها وسائل الإشباع المتاحة أو الأدوات التي يتم بموجبها الإشباع. أما الحوافز هي مجموعة الظروف التي تتوفر في جو العمل وتشبع رغبات الأفراد التي يسعون لإشباعها عن طريق العمل.

كما عُرفت الحوافز من أنها العوامل التي تدفع بالعاملين في الوحدة الإنتاجية إلى العمل بكل قواهم لتحقيق الأهداف المرسومة.

إن هنالك صلة وثيقة بين الدوافع وإشباع حاجات الفرد. فالدوافع تدفع الأفراد للتصرف تصرفاً معيناً وعلى شكل نشاط لإشباع حاجة معينة.

ويعرف الحافز بأنه مؤثر خارجي يحرك شعور الإنسان ويجعله يسلك سلوكاً معيناً لتحقيق الهدف المطلوب أو مجموعة الظروف إلى إشباعها عن طريق العمل.

أنواع الحوافز:

وأياً كان نوع الحافز فإنها جميعاً مثيرات خارجية لو أحكم تخطيطها وإدارتها فإنها تلعب دوراً هاماً في إثارة واستنهاض دوافع الفرد الداخلية، كما أنها تحرك وتوقظ شعور ووجدان العاملين وتوجه سلوكهم وتغريهم على الاستخدام الأمثل لقدراتهم وطاقاتهم كما أنها تدعم الصلة بين الموظف وعمله وبينه وبين المشروع بصفة عامة.

وأفضل الحوافز هي تلك التي تشعر العاملين بأن الإدارة تسهر على راحتهم وتقدر أعمالهم وتقوم على رعايتهم لذلك تعددة أنواع الحوافز ومسمياتها بتعدد وجهات النظر لرجال الإدارة وأصبح في وسع المؤسسة أن تقدم لأفرادها أصنافاً متعددة من الحوافز، بحيث تشكل مزيجاً يعزز بعضه البعض، ويعمل بصورة متعاضدة في سبيل دفع الأفراد واستنهاض عزائمهم نحو بذل المزيد من الجهد وإحراز الأفضل في الأداء والإنتاج.

أنواع الحوافز من حيث طبيعتها إلى نوعين:

أ- حوافز مادية.

وهي التي المبالغ التي يسلمها العاملين لقاء قيامهم بنشاطات معينة تتعلق في الغالب بكمية الإنتاج ونوعيته، أو هي الحوافز ذات الطابع النقدي أو الاقتصادي وتعتبر الحوافز المادية من الحوافز التي تدفع العاملين إلى بذل ما لديه من طاقة في العمل لغرض تقديم أداء أفضل، وقد كانت آراء الكتّاب مختلفة حول أهميّة الحافز المادي ومدى تأثيره في تحفيز العاملين، وقد اعتبره فردريك تيلر من أهم الحوافز بل هو الحافز الوحيد

للعاملين لتحقيق أهداف المشروع.

وتعتبر الحوافز المادية من أقدم الحوافز حيث يمكن القول أن الميزة الرئيسية للحافز المادي هو السرعة الفورية وإحساس الفرد به مباشرة حيث يزداد دخله بزيادة إنتاجه.

ب- الحوافز المعنوية:

ويقصد بالحوافز المعنوية تلك الحوافز التي لا تعتمد على المال في إثارة وتحفيز العاملين على العمل، بل تعتمد على وسائل معنوية أساسها احترام العنصر ـ البشري الذي له أحاسيس وآمال وتطلعات اجتماعية يسعى إلى تحقيقها من خلال عمله في المشروع بمعنى أن الحوافز المعنوية هي التي يشعر الأفراد من خلالها بكونهم بشر لهم مكانة ودوراً في الحياة يختلف تماماً عن بقية عناصر الإنتاج وبدونهم لا يستطيع المشروع البقاء ولا التطور.

وتشمل الحوافز المعنوية ما يلي:

١) تقدير جهود العاملين:

مثل شهادات التقدير وكتب الشكر للعاملين المتميزين في أدائهم:

٢) الإشراف (العلاقة مع الرئيس):

ويقصد به أسلوب الإشراف الذي يتبعه الرئيس المباشر ومدى قدرته على منح الثقة لمرؤوسيه وذلك من خلال تخويل الصلاحيات لهم وتشجيعهم على طلب المساعدة عند الحاجة وكذلك إلمام الرئيس بنواحي العمل وقدرته على ا تخاذ القرار وتتميز طبيعة العلاقة بين المرؤوس والرئيس أحد الأهداف الرئيسية في نظام حوافز العمل.

٣) إشراك العاملين في الإدارة:

من خلال أخذ وجهات نظرهم حول المواضيع التي تهم العاملين وإشراكهم في عملية اتخاذ القرارات (كـأن يكـون للعـاملين ممثـل في مجلـس الإدارة) كـما يسـاعد ذلـك في

أشعغارهم أن تصميم السياسات والبرامج قد أخذت بعين الاعتبار حاجاتهم ورغباتهم. أو إتاحة الفرصة لهم في اتخاذ بعض القرارات التي تخصهم.

٤) جماعة العمل:

ويقصد بها نوعية العلاقة القائمة بين العاملين بعضهم ببعض من جهة وعلاقتهم برؤسائهم من جهة أخرى حيث أن العلاقات الجيدة تؤثر تأثيراً كبيراً في تحفيز العاملين على العمل وخلق الرغبة والدافع فيهم.

٥) الاتصالات:

إن لوجود نظم الاتصالات الجيدة التي توفرها الإدارة للعاملين وذلك من خلال استطاعة العامل من الوصول إلى المدير أو بعض رؤسائه لنقل الاقتراحات والشكاوى وكذلك توفير المعلومات اللازمة لهم لما لها من أهمية كبيرة في شعور العامل بالاستقرار والاطمئنان في عمله.

٦) تحسين ظروف ومناخ العمل:

وذلك بتوفير المناخ الصحي المناسب في بيئة العمل ووسائل الراحة والأمان وتوفير الإضاءة والتهوية وتقليل الضوضاء وتوفير وسائل السلامة مثل الكفوف والكمامات وكل ما يتوفر من تسهيلات مادية لأداء العمل فمثل ذلك يؤدي إلى رفع الروح المعنوية للعاملين وحمايتهم وتحسين أدائهم.

٧) وسائل التدريب المتوفرة:

يعتبر التدريب ومدى إشراك العاملين في الدورات التدريبية حافزاً من الحوافز المؤثرة في رفع الروح المعنوية للعاملين وخلق الرغبة لديهم في العمل لأن إدخال العامل في الدورات التدريبية يخلق عنده شعوراً بمدى اهتمام الإدارة به لغرض تطوير مهاراته وبالتالي زيادة إنتاجيته وتحسين أدائه.

ثانياً: أنواع الحوافز من حيث أثرها أو نوعها وتقسم إلى:

أ) حوافز إيجابية.

ب) حوافز سلبية.

أ) الحوافز الإيجابية Positive Incentive.

وهي الحوافز التي تلبي حاجات ودوافع الأفراد العاملين ومصالح المشروع مثال على ذلك قيام العاملين بزيادة الإنتاج وتحسين نوعيته وتقديم المقترحات والأفكار البناءة والابتكارات والمخترعات وتحمل المسؤولية والاندفاع والإخلاص في العمل كل هذه العوامل تعتبر نتائج إيجابية لها ما يقابلها من حوافز إيجابية تمنحها الإدارة لهؤلاء العاملين.

فالهدف الرئيسي من الحوافز الإيجابية هو رفع الكفاءة الإنتاجية وتحسين الأداء من خلال التشجيع والإثابة الذي يغري الفرد بأن يسلك سلوكاً معين ترغب فيه الإدارة وعن طريق توفير فرص التقدم والتقدير والكسب المادي والأدبي الجيد.

لذلك فإن الحوافز الإيجابية هي تلك الحوافز التي تمنح للفرد بشكل مادي أو معنوي مقابل أدائه عمل معين وتميزه في أدائه لهذا العمل أي أنها تحمل مزايا للفرد العامل إذا أدى العمل المطلوب بالشكل الأمثل. ومن أمثلة الحوافز الإيجابية التي استخدمت على نطاق واسع في المشروعات الصناعية هي:

١- الحوافز النقدية.

٢- الأمن والاستقرار الوظيفي.

٣- المديح والثناء والتقدير.

٤- المنافسة.

٥- المعرفة والإبلاغ بالنتائج.

٦- المشاركة.

وتستخدم الحوافز النقدية والاستقرار الوظيفي في معظم الأحيان، لأن كل إدارة تفترض أنهما يشكلا ما يتوقعه الأفراد من العمل ولكن بقية الحوافز الأخرى غير المادية كالمديح والثناء والتقدير وما للمعرفة بالنتائج والمشاركة في اتخاذ القرارات لا تصل إلى نفس الأهمية والدرجة التي تتمتع بها الحوافز النقدية والاستقرار الوظيفي. وتعتبر بمجملها مجموعة من حوافز يكمل أحدها الآخر وتستخدم بفاعلية لحفز سلوك العاملين في الاتجاه الذي ترغب فيه الإدارة وكذلك العاملين لأن تحسين الأداء من خلال هذه الحوافز يعود بالفائدة على العاملين والإدارة معاً.

ب- الحوافز السلبية Negative Incentive

وهي الوسائل التي تستخدمها الإدارة لغرض منع السلوك السلبي وتقويمه والحد من التصرفات غير الإيجابية للأفراد العاملين كالتماثل؟ والتكامل وعدم الشعور بالمسؤولية وعدم الانصياع للتوجيهات والأوامر والتعليمات، وكذلك هي تلك الحوافز التي تمنع العامل المقصر أو المتكامل من الحصول على منفعة مادية أو معنوية من جهة وتفرض عليه الجزاء المناسب من جهة أخرى، ولهذا يطلق عليها البعض الحوافز الرادعة لأن هدفها الرئيسي- التركيز على التخويف والعقاب من أجل دفع العامل للإقلاع عن سلوك غير مرغوب فيه أو عدم إحداثه ومن أمثلة ذلك استطاع جزء من راتب الفرد المقصر- أو تأخير ترقيته أو حرمامه منها. وتشمل هذه المجموعة من الحوافز العقاب أو التهديد به كمدخل لتغير سلوك الفرد في الاتجاه المرغوب والوسائل التي تستخدمها المشروعات في مثل هذه الأحوال هي: التأنيب والتوبيخ وتخفيض الأجر وحجب الحوافز، الفصل، التنزيل الوظيفي، إنهاء عقد العمل ويستخدم أسلوب التوبيخ كثيراً لتأنيب العامل ذوي الأداء غير المرضي أو سيء السلوك.

وهناك من يرى أن أسلوب العقاب أو التهديد به أداة فعالة لتحقيق الطاعة والالتزام بالمهام الوظيفية الموكلة للعاملين وفي بعض الأحيان قد يكون من أكثر نظم الحوافز تأثيراً على العاملين وتوجيههم نحو أداء السلوك المرغوب به من قبل الإدارة.

ولكي يؤدي الحافز السلبي دوره لا بد من توفر الشروط التالية:

١- أن يكون الحافز مسلوباً للخطأ المرتكب بحيث لا يكون أكثر من الخطأ فيصبح وكأنه انتقام للعاملين.

٢- أن يكون متزامناً حين وقوع السلوك غير المرغوب به لكي لا يؤدي إلى ارتكاب الخطأ من قبل الآخرين أو تكراره مرة أخرى من قبل مرتكبي الخطأ.

٣- أن يكون بمثابة ضمان لجودة العمل وحماية العاملين من عبث المفسدين.

٤- أن الإدارة الحكيمة هي التي تستخدم الجوانب ذات الأثر الفعال في نظام الحوافز السلبية لكي تحقق المجتمع المتعاون والمتحمس داخل المشروع.

ثالثاً: أنواع الحوافز حسب طبيعة الأطراف المستفيدة منها كمعيار للتصنيف وكما يلي:

أ- حوافز فردية.

ب- حوافز جماعية.

أ- الحوافز الفردية:

وهي الحوافز التي يحصل عليها الفرد وحده نتيجة أداء عمل معين أو تمنح للعامل كلاً حسب ما قام به من أداء العمل الموكل إليه ويرتبط هذا النوع من الحوافز بأداء الفرد بشكل مباشر كما يرتبط برغبته في زيادة دخله لقاء زيادة إنتاجيته.

وكذلك يقصد بها تشجيع أو حفز أفراد معينين لزيادة الإنتاج فمثلاً تخصيص مكافآت للموظف الذي ينتج أفضل إنتاج أو تخصيص جائزة لأفضل عامل.

إن نظم الإدارة الفردية تكون موجهة للفرد وليس للمجموعة ومن طبيعة هذه الحوافز أن تثير المنافسة الإيجابية بين العاملين، ويؤخذ على الحوافز الفردية مساوئ مثل انعدام التعاون بين الأفراد وغياب روح الفريق التي هي جوهر عملية الإدارة وهذه من الأسباب التي تدعو كثير من المؤلفين إلى ضرورة اللجوء إلى استخدام الحوافز الجماعية.

وهناك عدة خطط عالجت موضوع الحوافز الفردية ومن هذه الخطط خطة معدل القطعة وتعتبر من أقدم خطط الحوافز وأكثرها استعمالاً، ومن خلالها يتم إعطاء مقدار معين من الحافز لكل وحدة ينتجها العامل. أي أن أجرة العامل تتحدد وفق عدد الوحدات التي بإمكانه إنتاجها وهذه الخطة وضعها تايلور.

وكذلك هناك خطة هالسي وخطة بيدو وجميع هذه الخطط تعتمد على الوفر في الوقت ووفق هذه الخطط يمنح العامل حوافز إذا قام العامل بإنهاء عدد الوحدات المطلوبة منه في زمن أقل من الزمن المعيادي المعطى له.

وهناك نوع آخر من الحوافز الفردية وهي المشاركة في الأرباح ويتم تحديدها بين العاملين وبين الإدارة وبموجبها يمنح العامل هذا الحافز إذا حقق **أحد العوامل التالية وهي:**

١- إنتاج الكميات المطلوبة بزمن أقل من الزمن المعياري.

٢- تخفيض نسبة التلف وخفض التكاليف الإنتاجية.

٣- إذا تحققت زيادة في الأرباح.

نستنتج من ذلك أنه بالرغم من اختلاف الخطط التي يتم خلالها توزيع الحوافز الفردية إلا أن معظمها ترتبط بالأداء الفردي بطريقة أو بأخرى وأن من أهم مزاياها أن العامل يلمس العلاقة بين الأداء والمكافآت.

ب- الحوافز الجماعية:

هي التي يحصل عليها مجموعة من الأفراد لاشتراكهم في أداء عمل معين بحيث أنجز كل عامل قسم أو جزء من هذا العمل ويتم توزيع الحوافز الجماعية على كل العمال توزيعاً عادلاً، وتمتاز هذه الطريقة في تقليل جهد الرقابة وخلق روح التعاون بينهم، وكذلك تساعد في تنمية القدرات والمشاركة في اتخاذ القرارات الخاصة بهذه المجموعة وتحملها مسؤوليتها.

أي أن هذه الحوافز مرهونة بمدى تحقق أهداف المجموعة كلها وهذا يتوقف على مدى بذل أفراد المجموعة لجهود بصورة متساوية. وقد صممت هذه الحوافز

لتشجيع الأفراد على ممارسة نوع من الضغط على رفاقهم الآخرين في المجموعة وذلك لتحقيق إنجاز العمل بأداء أفضل وأسرع فإن تأخير أي فرد في المجموعة فإنه يؤثر على الأداء النهائي للمجموعة. لذلك سوف تقوم المجموعة بحثه على تحسين أدائه، وتوجد مساوئ لهذه الحوافز الجماعية وهو عدم وعي الأفراد العاملين بأنه توجد علاقة بين أدائهم الفردي وأداء المجموعة، كذلك من مساوئها هو كبر وصغر المجموعة يؤثر على قوة العلاقة التي تربط بينهم فكلما حفزت المجموعة كانت العلاقة التي تربطهم قوية ومتماسكة ويعكس الحال عندما تكون المجموعة كبيرة.

- نستنتج من ذلك أن هذه الحوافز ترتبط بأداء مجموعة من العاملين تعمل سوية كفريق عمل واحد وتدفع الحوافز إلى هؤلاء العاملين المشتركين في المجموعة ككل وبقدر متساوي ويقاس الحافز الجماعي على أساس تقليل الكلفة والأرباح وأهم ما يتصف به أنه لا يعد حافزاً مادياً فقط بل نفسياً واجتماعياً لأنه يبعث الإحساس بالانتماء إلى الجماعة، ويقلل من الجهد الرقابي ويذكي روح التعاون بين أفراد المجموعة.

استراتيجيات الحوافز:

تعبر الحوافز من الأجور الشهرية في المعنى الشائع لها، الواقع أن الحوافز تتعلق بكل ما يتصل بتحفيز العاملين، ومن هذا المنطلق يتسع مفهوم الحوافز تبعاً لذلك يشمل الأجور الشهرية والمكافآت والحوافز بمعناها الدارج كما يشمل الجوانب غير المالية كالمعاملة الحسنة والقيادة الصحيحة والمشاركة في اتخاذ القرارات، وكل المؤثرات الخارجية التي تحرك وتنشط دوافع الإنسان للإتيان بسلوكيات إيجابية تحقق هدف الإدارة، وبدون الحوافز لا يحدث التحفيز أو تنشيط الدوافع وبالتالي يمكن أن تكون السلوكيات غير مقبولة ولا يتحقق الهدف. ومن هذا المنطلق فإن رسم أي سياسة للحوافز لا بد له أن يرتبط بتحقيق أهداف المشروع.

ولا شكَّ أن الإنتاجية تتوقف على كثير من المتغيرات ومن بين هذه المتغيرات العنصر البشري، والمفتاح الحقيقي للعنصر البشري هو التحفيز من خلال الحوافز بمعناها

الواسع، ولذلك فالإنتاجية تتوقف في جزء كبير منها على الحوافز، إلا أن هـذا لا يعني أن الحوافز هي المدخل الوحيد لزيادة الإنتاجية أما إذا نظرنا إلى الإنتاجية على مستوى الأفراد (العنصر البشري) وليس على مستوى المشروع فإن الحوافز تصبح المـدخل الوحيـد لزيـادة الإنتاجية. الخاصة بالأفراد في هذه الحالة.

وإذا كانت إنتاجية الفرد هي حاصل ضرب الرغبة في القدرة فإن الحـوافز تـؤدي إلى زيادة الرغبة وقد تؤدي إلى زيادة القدرة.

تعريـف اسـتراتيجيات إدارة الحـوافز: تعبّر اسـتراتيجيات إدارة الحوافز عـن المفاهيم السائدة في المشروع والخاصة بسياسـات ونظم الحوافز اللازمة للتأكـد مـن أن المشروع مستمر في تعيين والدفع، والحفاظ على الأفراد الملتزمين والأكفاء الـذين تحتـاجهم لتحقيق هدفها النهائي.

أهـداف اسـتراتيجيات إدارة الحـوافز: تتعلـق اسـتراتيجيات إدارة الحوافز بالقضـايا الهامة والطويلة الأجل الخاصة بكيفية تحفيز الموظفين بالطريقة الصحيحة. وتهدف هـذه الاستراتيجيات إلى تقديم الأسس اللازمة لتحديد الطريقة التي يمكن أن يساعد مـن خلالهـا نظام الحوافز على تحقيق أهـداف المشـروع كـما تهـدف أيضاً إلى تحديـد كيفيـة تصميم وإدارة هذا النظام.

أسس استراتيجيات الحوافز: يجب أن يتوافر في استراتيجيات إدارة الحوافز ما يلي:

- أن تتلاءم مع قيم ومعتقدات الإدارة وتدعمها.

- أن تنبع من استراتيجية وأهداف المشروع.

- أن ترتبط بأداء المستشفى.

- أن تؤدي إلى السلوك المرغوب وتدعمه على جميع المستويات.

- أن تلائم نمط الإدارة المرغوب.

- أن تقدم الميزة التنافسية المطلوبة لجذب المستويات العليا من المهارات التي يحتاج إليها المشروع والاحتفاظ بها.

الوحدة التاسعة

الرقابة

الرقابة

الرقابة control هي إحدى الوظائف الإدارية الرئيسية، ذراها تغطي وتواكب جميع مراحل النشاط الإداري في مختلف دوائر الأعمال. تبدأ الرقابة منذ تحديد الهدف والمعايير، وتستمر طيلة استمرار العملية الإدارية، التي تستمر بدورها طيلة بقاء المنشأة منتجة.

ولما كان الإشراف الإداري يتعلق بالأشخاص العاملين فإن الرقابة تهتم بنتائج أعمال هؤلاء الأشخاص.

والرقابة شديدة الصلة بالتخطيط، لدرجة إن اللفظين كثيراً ما يستخدمان للدلالة على تسمية واحدة فمثلاً يطلق على إحدى إدارات الإنتاج (إدارة التخطيط الإنتاجي) أو (إدارة مراقبة الإنتاج).

مفهوم الرقابة الإدارية

تعددت المفاهيم حول الرقابة ونذكر منها:-

عرف هنري فايول الرقابة بمفهوم الإشراف الدائم كما يلي:-

(الإشراف والمراجعة من سلطة أعلى بقصد معرفة كيفية سير الأعمال والتأكد من أن المواد المتاحة تستخدم وفقاً للخطة الموضوعة).

أما السلوكيون وأنصارهم فقد عرفوا الرقابة من منظور إنساني ومن بينهم تيري جورج Terrry G بأنها: (قدرة المدير على التأثير في سلوك الأفراد في تنظيم معين بحيث يحقق هذا التأثير النتائج المستهدفة).

ومن كتاب الإدارة العرب، الدكتور محمد ماهر عليش الذي عرف الوظيفة الرقابية أنها: (العملية التي تسعى إلى التأكد من أن الأهداف المحددة والسياسات المرسومة والخطط والتعليمات الموجهة إنما تنفذ بدقة وعناية، كما تعني الرقابة من أن النتائج المحققة تطابق تماماً ما تتوقعه الإدارة وتصبوا إليه).

أما مفهوم الرقابة في القرن ٢١ قد تغير بـأن أصبح لا مركزياً في ظل هذا النظام الجديد نجده يعتمد على قيم اجتماعية جديدة وقناعات مشتركة وثقة متبادلة مـن أجل الالتزام بالأهداف التنظيمية التي تم الاتفاق على جميع المستويات بالتنفيذ من خلال إرشادات وتوجيهات بسيطة. فهم أنفسهم الـذين يصممون معايير الأداء، وتستخدم التكنولوجيا ونظم المعلومات لتمكين الموظفين من معرفة الأداء الحالي وتصحح الإنحرافات، هذا وقد أصبح من الضروري توفر خصائص معينة لضمان فعالية الرقابة.

وعلى هذا يمكن تعريف الرقابة الإدارية بأنها: (عملية منهجية يستطيع من خلالها المديرون ضبط مختلف الأنشطة التنظيمية لتتوافق مع التوقعات المقررة في الخطط والموازنات والأهداف ومعايير الأداء).

يتضح من التعريفات السابقة أهمية ارتباط الرقابة الإدارية بالتخطيط وحرص العملية الرقابية والقائمين عليها على سير العمل كما هو محدد في الخطط والبرامج وهذا يعني وجوب خطة تتضمن أهدافاً محددة ومعايير ترغب المنظمة ببلوغها ولذا فمن هذا نجد أن جوهر العملية الرقابية يكمن في قياس الأداء للتأكد من مطابقة للخطة ومن ثم القيام بتصحيح الانحرافات إن وجدت.

ومن المعروف أن العملية الإدارية تـتم في ظل متغيرات كثيرة -بعضها مسيطر عليه، والبعض الآخر غير مسيطر عليه- مـؤثر سـواء مـن داخل المنظمة أو مـن خارجها، بحكم علاقاتها المتشابكة وعلى ضوء تلك المتغيرات تستطيع الإدارة تحديد مواقفها وتصرفاتها.

ونستطيع أن نتوصل إلى ما يلي:-

تعتبر الرقابة عنصراً رئيسياً من عناصر العملية الإدارية والتي يقوم بها الرئيس سواءً كان مديراً مباشراً أو غير مباشر أو فرداً مسؤولاً عن أداء فرد آخر ولو مرؤوس على الأقل.

لا يمكن أن تؤدي الرقابة بشكل منفصل عن الوظائف الإدارية الأخرى من تخطيط وتنظيم وتوجيه وتنشيط لأداء الأفراد وتحفيزهم وتدريبهم وتنمية قدراتهم ومهاراتهم.

أهمية الرقابة :-

١- عدم وجود نظام رقابي فعال يؤدي في الغالب إلى ارتفاع التكاليف ارتفاعا كبيراً.

٢- تشجع الرقابة الفعالة الرؤساء على تفويض سلطاتهم.

٣- هي عملية ضرورية للتأكد من حسن سير العمل والتأكد من أن الانجاز يسير حسب ما هو مقرر له.

٤- أنها ذات علاقة بكل عنصر من عناصر العملية الإدارية، وبشكل خاص التخطيط واتخاذ القرارات.

علاقة الرقابة بالوظائف الإدارية الأخرى :-

أولا :علاقة الرقابة بالتخطيط :-

إن وظيفة الرقابة تركز على التأكد من أن ما تم وضعه من أهداف وسياسات أثناء القيام بعملية التخطيط يتم تنفيذه بالطريقة المخطط لها أثناء التنفيذ. فالتخطيط عملية سابقة للرقابة وملازمة لها ولاحقة بها أيضا، وعملية الرقابة تساعد المخطط على تعديل خططه بما يتلاءم والأوضاع التي يتم الكشف عنها أثناء التنفيذ، وذلك من خلال التغذية العكسية التي تنتج عن القيام بعملية الرقابة.

ثانيا :علاقة الرقابة بالتوجيه :-

تلعب كل من الرقابة والتغذية الراجعة دورا مهما في عملية اتخاذ القرارات التي هي أساس وظيفة التوجيه فمن خلال عملية التغذية الراجعة يستطيع المديرون في مراكز

اتخاذ القرار تعرف نتائج الأعمال والتغيرات المختلفة التي قد تنشأ في ظروف العمل وبيئته، فأقسام الرقابة والمتابعة تزود المديرين بالبيانات والمعلومات الصحيحة والدقيقة بشكل مستمر التي على أساسها يتخذ المديرون قراراتهم لانجاز الأعمال وتحفيز العاملين وشحذ هممهم للقيام بواجباتهم على أحسن وجه بأقل وقت وجهد وتكاليف.

ثالثا:علاقة الرقابة بالتنظيم :-

تأتي عملية الرقابة للتأكد من أن جميع الوحدات التنظيمية تقوم بالمهمات المحددة لها، وان ما تنجزه وحدة ما لا يتم تكرار انجازه من وحدة أخرى.فمثلا تقوم إدارة المبيعات بمتابعة النشاطات المتعلقة بعملية البيع، ولا يسمح لإدارة التسويق أن تقوم بالنشاطات نفسها منعا لازدواجية العمل.

مراحل العملية الرقابية

لكي يتم التحقق من أن ما يحدث أو ما حدث مطابق لما تقرر تحقيقه لا بد أن يكون هناك معايير أو مقاييس يتم بموجبها قياس الأداء بحيث تظهر الإنحرافات أو المشكلات بالتالي يصبح من الضروري تشخيصها وعلاجها من أجل تصحيح المسار أو وضع أهداف جديدة. تصبح الرقابة سلبية إذا ما اكتفت باكتشاف الأخطاء فقط دون اكتشاف الأسباب والتي أدت إليها ومن ثم وضع أفضل الطرق التصحيحية لتلك الاختلافات.

وعلى ذلك فعملية الرقابة لا بد أن تمر بثلاث مراحل أساسية:-

أولاً: مرحلة تحديد الخطط والأهداف والمعايير:

قبل تحديد المعايير يتم تحديد الأهداف والخطط أي النتائج المطلوب الوصول إليها، كما يتم في هذه المرحلة توقع الأداء اللازم بذله لتحقيق تلك النتائج ليعاد وضع ذلك على صورة مستويات أو معايير تستخدم بمثابة كاشف أي مقياس لمتابعة التنفيذ.

ومن الأهمية معرفة كيفية تحديد المعايير الرقابية الملائمة، وهذا يمكن للمرء رقابة نشاط إداري من ناحية المقاييس التالية:

- الكم أي الكمية .
- الكيف أي الكيفية وعلى الخصوص النوعية الجيدة.
- عنصر الزمن
- حجم التكلفة
- الجهد المبذول القائم على نوعية وحجم الأداء والزمن والتكاليف ومستوى الجودة.

وليس من الضروري مراقبة كل نشاط إداري بعامل واحد من هذه العوامل السابقة بل قد يصار إلى استعمال أكثر من عامين في آن واحد.

ويجب عند تصميم المعايير مراعاة الجوانب التالية:-

الموضوعية، الحيادية أو عدم التحيز.

الواقعية أي التي تنطلق من أرض الواقع، والتي أيضاً تناسب واقع الحال.

وحدة المعيار للأعمال المتجانسة أو ذات النمط الواحد.

وضوح المعيار وشفافيته لجميع العاملين ولكي تكون المعايير مفهومة من قبل الجميع.

ثانياً: مرحلة متابعة أو مقارنة أو قياس الأداء:

وهي مرحلة تقييم الأداء الفعلي وفقاً للمعايير الموضوعة ونتائجه والتقييم يتضمن المتابعة والقياس والمقارنة وهذه المرحلة عبارة عن مقارنة للمخرجات (الأداء الفعلي) بالمتوقع، أما الهدف الأساسي لعملية تقييم الأداء فهو معرفة قربه أو بعده عن المعايير، والتي تم تحديدها مسبقاً.

وتمثل هذه المرحلة، أي مرحلة تقييم الأداء الفعلي، المخطط المسبق التالي:

مدخلات ← عمليات ← مخرجات ← مقارنة ← معايير الأداء

بشرية مادية معنوية تكنولوجية	**أنشطة مخطط لها**	**هي نتائج الأداء الفعلي وهي خدمات سلع**	**الأداء المتوقع والمحدد مسبقاً**

وتتضمن هذه المرحلة الأنشطة التالية:

قياس النتائج الفعلية للأداء بناءً على ما تم فعلاً أو حتى توقع هذه النتائج بناءً على المعايير الموضوعة، بغرض تحديد الإنحرافات.

توصيل المعلومات والبيانات إلى الشخص المسؤول عن معرفة الإنحراف ومعالجتها بالكيفية والوقت المناسبين.

ثالثاً: مرحلة تصحيح الانحراف، أو إجراء التعديل اللازم:

تبين التقارير الرقابية الاختلافات بين النتائج والأداء الفعلي من جهة والنتائج المتوقعة والمحددة بالخطة من جهة أخرى.

ومن الأفضل أن تتضمن التقارير الرقابية افتراضات وتوصيات تصحيحية، ولذلك لا بد من البحث عن أسباب الانحراف ومعالجته فوراً حال ظهوره.

ويواجه المسؤول ضمن اتخاذ القرارات التصحيحية عدة معضلات أهمها:

- تحديد أسباب الانحراف.
- اختيار انسب الطرق العلاجية
- التأكد من نجاح تطبيق الإجراء التصحيحي.
- بخصوص تحديد أسباب الانحراف.

إن ظهور الانحراف هي مسألة واردة وغير خطيرة، تنشأ عندما تختلف ظروف التنفيذ، عن تلك التي توقعها من قبل عند وضع الخطة ووضع المعايير.

ومن الأهمية هو البحث عن أسباب الانحراف، سواءً أكان خطأ في إعداد الخطة أو في التنفيذ أو تعود لمتغيرات متوقعة في الظروف الداخلية والخارجية.

بخصوص اختيار أنسب الطرف العلاجية:

قد يتوفر أكثر من خيار لمعالجة الانحرافات، لكن الأمر يستدعي عندئذ تقييم كل بديل، وذلك من خلال الموازنة بين العائد المتوقع من تطبيقه وكلفة ذلك التطبيق.

فإذا ما اكتشفت الإدارة، أن تراجع الأداء يعود إلى نقص في كفاية العاملين، فقد تلجأ لعدة خيارات للقضاء على هذه المشكلة يكون من أنسبها تدريب العاملين، أو تغيير أسلوب الإشراف أو إعادة توزيع العمل، أو إجراء حركة تنقلات داخلية بين الموظفين.

بخصوص التأكد من نجاح الإجراء التصحيحي أو التعديل:

يجب التأكد من أن البديل التصحيحي المقترح كفيل بمعالجة الانحرافات الحاصلة بين النتائج الفعلية والمخططة وهكذا تكون الرقابة بمثابة عملية مستمرة.

خصائص نظام الرقابة الجيد :-

١-دقة المعلومات:-

يجب أن تكون المعلومات المتداولة في أي نظام رقابي دقيقة كي تكون نافعة ومفيدة إذ أن المعلومات غير الدقيقة تؤدي إلى اتخاذ قرارات خاطئة.فمثلا يميل بعض المديرين إلى القيام ببعض التقديرات كتقدير حجم الإنتاج في الشهر القادم بأقل مما يجب وعليه تأتي مؤشرات الأداء التنفيذية جيدة.

٢-توافر المعلومات:

لا بد من توافر المعلومات الكافية عن كل من الخطط والبرامج وجداول العمل والتنفيذ الفعلي لهذه الخطط لتعرف ما حدث فعلا وما يحدث حاليا وما قد يحدث مستقبلا وذلك لضمان عملية اكتشاف الانحرافات ومعالجة أسبابها.

٣- التركيز على عناصر النجاح الحرجة :

عمليا لا يمكن الرقابة على كل شيء فمحدودية الوقت والزمان والتكلفة لا تسمح بإحكام المستوى نفسه من الرقابة على كل شيء يتم تنفيذه، بل يجب أن تتم الرقابة على تلك الجوانب الهامة من التنفيذ، التي لا بد من ممارسة أعلى درجات الرقابة عليها لضمان أن تنجح المؤسسة في تنفيذ خططها.

٤- التوقيت الملائم :

يتميز النظام الرقابي الفعال بأنه يوفر البيانات والمعلومات في الوقت المناسب عند ظهور الحاجة لاستخدامها.فمدير الرقابة على الجودة مثلا يحتاج لبيانات شهرية عن كميات الانحراف عن الجودة ونسبته ومديرو الإدارات العليا فربما يحتاجون إلى بيانات ربع سنوية أو سنوية لممارسة دورهم في العملية الرقابية.

٥- المرونة :

يتم عادة استخدام معايير الرقابة لكي تناسب ظروف معينة فإذا تغيرت هذه الظروف وجب تغيير معايير الرقابة.

٦-التكامل :

يجب أن يتكامل نظام الرقابة مع باقي الأنظمة الإدارية في المؤسسة وخاصة مع نظام التخطيط، فكل عناصر التخطيط يمكن أن تكون أدوات جيدة في الرقابة.

٧- قابلية الضم :

يجب أن يتضمن نظام الرقابة تعليمات محددة تبين لمن يمارسون الرقابة مـا يجـب أن يفعلوه في حالة تخطي معايير الرقابة، مما يمكنهم من التحكم ذاتيا في علاج الانحرافات قبل استفحالها.

٨-الملاءمة :

يجب أن يلائم نظـام الرقابة ظـروف المؤسسـة.فمـثلا تسـتخدم المؤسسـة الكبـيرة الحجم أنظمة رقابية تعتمد على أنظمة المعلومات متقدمة تتبع جهازا مستقلا للرقابة أمـا المؤسسات الصغيرة الحجم فقد تجد انه مـن الملائـم لها إسناد عمليـة الرقابة إلى المـدير المعني بالتنفيذ.

٩- الاتصال :

يحتاج من يمارس عمليات الرقابة إلى جمع معلومات عـن الخطـة ومعـايير الرقابـة ومعلومات عن التنفيـذ وعـن الانحرافات وعليـه وهـو يجمـع كـل هـذه المعلومـات مـن الآخرين أن يتصل بهم مما يتطلب أن يكون ملما بأساليب ومهارات الاتصال التي تساعده كثيرا على جمع المعلومات المطلوبة حتى يتم أداء العمل الرقابي على الوجه المطلوب.

١٠- التعاون :

تعتمد عملية الرقابة على التعاون الوثيق بين من يقوم بالرقابة ومن يخضع لعملية الرقابة، وحتى تنجح العملية الرقابية فان على هذين الطرفين أن يحققا أعلى درجات مـن التفاهم والتعاون ويتم هذا التعاون من خلال تبادل المعلومـات اللازمة لتحقيق الغـرض من الرقابة.

١١- الجدوى الاقتصادية :

يجب أن يحقق النظام الرقابي عائدا يفوق تكاليفه وهذا يتطلب الاهتمام بتصميم نظام رقابي مناسب للعمل دون الإسهاب في التفاصيل غير المفيدة بحيث لا يتطلب إنشاء النظام وصيانته وتشغيله جهودا وإمكانات وتحليلات متقدمة مكلفة لا تبرر الحاجة الحقيقية إليه.

النظام الرقابي

لكي تتم عملية الرقابة الإدارية على أكمل وجه لا بد من وجود نظام تقوم عليه العملية الرقابية، ويشمل مسؤولية القيام بالرقابة وتحديد الأجهزة المعنية بالقيام بالرقابة وتحديد السلطات المخولة لتلك الأجهزة بالإضافة إلى تحديد وتوضيح العلاقات الوظيفية التي تربط هذه الأجهزة بباقي الوحدات الإدارية في التنظيم.

ومن الشروط الواجب توفرها في النظام الرقابي الفاعل ما يلي:-

١- اتفاق النظام الرقابي مع طبيعة النشاط المنوي ومراقبته، أي يتم تصميم النظام الرقابي بالشكل الذي يتلاءم وطبيعة النشاط أو الأنشطة المنوي ممارسة عملية الرقابة عليها.

٢- السرعة في اكتشاف الأخطاء، لا شك أن الرقابة الوقائية من أفضل أنواع الرقابة لما تتمتع به من سرعة في اكتشاف الأخطاء قبل استفحالها، لذا كلما كان النظام الرقابة قادراً على تحقيق أهدافه بوقت قصير وبجهود قليلة كلما كان فاعلاً.

٣- المرونة: إن من شروط فاعلية نظام الرقابة المستخدم هو أن يكون مرناً بالدرجة التي تمكنه من مواجهة أي تغيرات تنظيمية أو بيئية غير متوقعة، وبما أن وظيفة الرقابة الإدارية تعتبر مكملة لوظيفة التخطيط الإداري، فيجب أن يتسم النظام بخاصية المرونة، والتي تمكنه من مسايرة التغير الذي قد يحدث على مستوى الخطة ككل أو الهدف أو طريقة التنفيذ.

٤- عدم المبالغة في تكاليف النظام الرقابي: إن المقصود أن لا يبالغ المسؤولين عن عملية الرقابة سواء على مستوى التصميم أو التخطيط أو على مستوى التنفيذ في التكاليف المالية حيث أن ذلك يؤدي إلى زيادة تكاليف المنظمة على المستوى العام مما يؤثر على كفاءة الأداء وعلى الأهداف الاقتصادية والمالية.

٥- قدرة النظام الرقابي على تصحيح الإنحرافات: ويعني ذلك شمولية النظام لهدفين هما:

أ. اكتشاف الأخطاء بالطرق والأساليب المناسبة.

ب. استخدام الوسائل الكفيلة بتصحيح الخطأ والانحراف.

مكونات النظام الرقابي الجيد :-

١- تحديد الهدف من الرقابة :

قد يكون الهدف من الرقابة هدفاً عاما وهذا يعني خضوع كل شيء في المنظمة للرقابة وهو ما يعبر عنه بالإشراف الشامل (الدائم)وعلى هذا الأساس تكون الرقابة تعبيرا شاملا عن الإشراف والمتابعة وقياس الأداء أي أن الهدف العام لرقابة و معرفة الخطأ قبل وقوعه والعمل على تحاشيه أو معرفة الخطأ قبل وقوعه وإصلاحه فورا قبل استفحاله.أما الأهداف الخاصة للرقابة فتتضمن ملاحظة نتائج أعمال محددة وقياسها بالنسبة لمعايير ونماذج محددة، وبهذا تضمن الرقابة معنى المتابعة في مجالات محددة.

٢- تحديد المعيار أو المؤشر المستعمل للحكم على الانجاز :-

المعيار أو المؤشر هو الرقم أو مستوى جودة معين يستخدم مقياسا للحكم بموجبه على مدى ملاءمة انجاز ما فيساعد على:

أ-تحديد مدى جودة الإنتاج كماً ونوعاً.

ب-اكتشاف الانحراف عما هو متوقع أو مخطط له.

ج-أن يكون بلوغه ميسورا.

٣-تحديد نظام للتبليغ:

أي التبليغ عن الانحرافات عند حدوثها أو عند بروز احتمال حدوثها وذك حسب إجراءات محددة وواضحة ومعلومة لجميع المعنيين.

٤-تحديد أساليب الرقابة ووسائلها التي سيتم اعتمادها، يجب تحديد الأسلوب الرقابي الذي سيتم استعماله بشكل واضح علما بان للرقابة أساليب مختلفة ومتنوعة.

٥- تحديد أنواع الرقابة التي سيتم استعمالها

وللرقابة أنواع متعددة منها :

١- الرقابة الوقائية:-

يمارس هذا النوع من الرقابة قبل بدء النشاط وذلك للتأكد من أن العمل يسير باتجاه تنفيذه حسبما خطط له وأن الموارد المطلوبة للتنفيذ قد تم تخصيصها بالمستوى المطلوب قبل بدء ذالك النشاط لمنع حدوث أخطاء أثناء عمليات التنفيذ. ويتطلب هذا النوع من الرقابة طرقاً ابتكارية في التفكير وروحاً تتسم بالمبادرة الإدارية الفعالة التي تسعى إلى التنبوء بحدوث المشكلة قبل وقوعها الفعلي ويساهم في التقليل من الأخطاء أثناء التنفيذ.

٢- الرقابة المتزامنة:-

هذا النوع من الرقابة يتم أثناء عملية تنفيذ النشاط.ويتطلب هذا النوع من الرقابة إحكام العمليات الرقابية على النشاط أثناء عملية تنفيذه للحيلولة دون انحرافات عما خطط له مسبقاً.وتستدعي الرقابة المتزامنة تصحيح نتائج الأداء بشكل مباشر أثناء العمل لمنع الانحرافات التي تظهر عادة في نهاية العملية الإنتاجية مما يساعد على تجنب الهدر والأخطاء غير المتوقعة في إنتاج السلع.

٣- الرقابة العلاجية :-

يتم هذا النوع من الرقابة بعد تنفيذ النشاط وإنهاء المهمات وتسمى بالرقابة العلاجية لأنها تهتم بمعالجة الأخطاء بعد حدوثها.وتركز الرقابة العلاجية على النتائج وللتركيز على المدخلان أو النشاطات

وتحقق فوائد متعددة منها :-

- تحديد المسؤولية في حدوث الانحرافات.
- تحديد طبيعة الانحرافات وأسبابها الحقيقية.
- تحديد سبل العلاج لتلافي حدوث أخطاء في المرات القادمة.
- تقيم ومكافأة الأداء أحيانا ومساءلة من تسبب في حدوث الخطأ.

١- الجدوى الاقتصادية :-

يجب أن يحقق النظام الرقابي عائداً يفوق تكاليفه.وهذا يتطلب الاهتمام بتصميم نظام رقابي مناسب للعمل دون الإسهاب في التفاصيل غير المفيدة بحيث لا يتطلب إنشاء النظام وصيانته وتشغيله جهوداً وامكانات وتحليلات متقدمة مكلفة لا تبرر الحاجة الحقيقية إليه.

مكونات النظام الرقابي الجيد:-

١- تحديد الهدف من الرقابة :-

قد يكون الهدف من الرقابة هدفاً عاماً وهذا يعني خضوع كل شيء في المنظمة للرقابة وهو ما يعبر تعبيراً شاملاً عن الإشراف والمتابعة وقياس الأداء.أي أن الهدف العام للرقابة هو معرفة الخطأ قبل وقوعه والعمل على تحاشيه أو معرفة الخطأ فور وقوعه والعمل تحاشيه أو معرفة الخطأ فور وقوعه وإصلاحه فوراً قبل استفحال أمره.

أما الأهداف الخاصة للرقابة معنى المتابعة في مجالات محددة.

٢- تحديد المعيار أو المؤشر المستعمل للحكم على الإنجاز.

المعيار أو المؤشر هو الرقم أو مستوى جودة معين يستخدم مقياساً للحكم بموجبه على مدى ملاءمة إنجاز ما يساعد على:

أ- تحديد مدى جودة الإنجاز كماً ونوعاً.

ب- اكتشاف الانحراف عما هو متوقع أو مخطط له.

المعيار أو المؤشر يجب أن تتوافر فيه صفات ومقومات هي :

أ- أن يكون محدداً بشكل لا يقبل التأويل أو التفسير.

ب- أن يكون واضحاً ومفهوماً

ت- أن يكون بلوغه ميسوراً

٣-تحديد نظام التبليغ :

أي التبليغ عن الانحرافات عند حدوثها أو عند بروز احتمال حدوثها وذالك حسب إجراءات محددة وواضحة ومعلومة لجميع المعنيين.

ب.الرقابة حسب الجهة التي تقوم بها:

١- الرقابة الداخلية :

هي قيام المؤسسة بمراقبة عملياتها ونشاطاتها بواسطة أجهزه داخلية يكون من مهماتها القيام بهذا النوع من الرقابة وتسمى عادة إدارة التدقيق الداخلي.

ومن ابرز مهمات الرقابة الداخلية :

✓ الكشف عن مدى استفادة الإدارة من الموارد البشرية والمادية والمالية.

✓ الكشف عن أخطاء وسوء التصرف وحالات الانحراف والإهمال.

✓ الكشف عن الاحتياجات غير المستغلة داخل المؤسسة.

٢- الرقابة الخارجية :

يقوم بهذا النوع من الرقابة أجهزة من خارج المؤسسة إذ تمارسها أجهزة أو مؤسسات مختلفة تهدف جمعيها إلى التدقيق من قيام المؤسسة بوجباتها نحو المجتمع وهي مكملة للرقابة الداخلية.

أسباب الانحرافات في الرقابة وطرق معالجتها :

١- أسباب مصدرها المعيار نفسه:-

قد يكون المعيار المحدد في الخطة غير ملائم أو غير واقعي بالنسبة للعاملين فمثلاً المعيار الذي يصعب تحقيقه ينتج عنه دائماً انحراف سالب مثل العامل الذي يطلب منه إنجاز مهمة أعلى من قدراته وخبراته فلا يستطيع إنجازها والعلاج في مثل هذه الحالة يجب أن يركز على المعيار بحيث يصبح معياراً من الممكن الوصول إليه فعند وضع المعايير والأهداف يجب الأخذ بعين الاعتبار خبرات ومؤهلات العاملين وقدراتهم.

٢- أسباب مصدرها العاملون أنفسهم :

قد يكون السبب في الانحراف عائداً إلى العاملين أنفسهم إما بسبب النقص في قدراتهم ومهارتهم أو لأنهم غير مهتمين للقيام بعملهم على الوجه الصحيح. والعلاج هو تدريب هؤلاء العاملين على الطريقة الصحيحة في العمل من أجل تحسين مستواهم وتنمية قدراتهم.

٣- أسباب مصدرها ظروف استثنائية لا علاقة لها بالعاملين أو المعيار:

قد تنشأ ظروف تجعل الإنجاز منصرفاً مثل ظروف الطقس أو الاضطربات على إزالة تأثير هذه الظروف أو احتوائها أو اللجوء إلى التكيف معها إذا كان من المتوقع لها أن تدوم طويلاً ولم تستطيع المؤسسة تعديلها أو احتوائها.

العوامل الواجب أخذها بعين الاعتبار عند تصميم نظام وقائي جيد:

١. **حجم المنظمة** : كلما كبر حجم المنظمة كلما كان من الأفضل الاعتماد على أنظمـة الرقابة الوقائية بالدرجة الأولى ثم الرقابة العلاجية.

٢. **موقع الوظيفة في التنظيم** : كلما ارتفعت مستوى موقع الوظيفـة المـراد مراقبتهـا في التنظيم كلما أصبح من الواجب تعدد المعايير التي يتم الحكم بموجبها عليه.

٣. **درجة اللامركزية في التنظيم** : كلـما ابتعدنا عـن المركزية في التنظيم كلمـا ازدادت حاجة المديرين إلى التغذية الراجعة عن أعمال منفذي القرار الـذين هـم دونهـم في المستوى الوظيفي.

٤. **بيئة التنظيم** ومدى انتشار الثقة بين عناصره ونظرة المرؤوسـين لهـذه الحـوافز كلـما كانت بيئة التنظيم تساعد علـى الثقـة والإخـلاص في العمل كلـما قلـت الحاجـة إلى وجود رقابة شديدة.

٥. **أهمية النشاط الخاضع للرقابة وأهمية الأخطاء التي قد تنشأ** :- كلما كان النشاط ذا أهمية بسيطة والأخطاء والانحرافات التـي قـد تنشـأ غير مهمـة كلـما كـان النظـام الرقابي بسيطاً وغير مكلف والعكس صحيح.

المراجع العربية

١- الشواف، محمد (١٩٩٧) **الأجور والحوافز**، بغداد، مؤسسة الثقافة العمالية سلسلة محاضرات (٧).

٢- حسن، راوية محمد(١٩٩٩)، **إدارة الموارد البشرية**، المكتب الجامعي الحديث، الإسكندرية.

٣- هاشم، زكي محمود(١٩٨٠)، **الجوانب السلوكية في الإدارة**، الطبعة الثالثة، وكالة المطبوعات، الكويت.

٤- السامرائي، مؤيد سعيد وآخرون(١٩٩٠)، **إدارة الأفراد (مدخل تطبيقي)**، ط١، مطبعة العمال المركزية، بغداد.

٥- البدري، طارق،(٢٠٠١) **الأساليب القيادية والإدارية في المؤسسات التعليمية**، الطبعة الأولى، دار الفكر للطباعة والنشر والتوزيع عمّان.

٦- الصيرفي، محمد(٢٠٠٣)، **مفاهيم إدارية حديثة**، دار الثقافة للطباعة والنشر، الطبعة الأولى، عمّان.

٧- يونس، حيد(١٩٩٩)، **الإدارة الاستراتيجية للمؤسسات والشركات**، مكتبة الراتب العلمية، عمّان.

٨- عز الدين، حسين الرازم (١٩٩٥)، **التخطيط للطوارئ وإدارة الأزمات في المؤسسات**، دار الخواجا للنشر والتوزيع، الطبعة الأولى، عمّان.

٩- رضا العلي، وآخرون، **وظائف الإدارة المعاصرة نظرة بانورامية عامة**، ط١، مؤسسة الوراق للنشر والتوزيع.

١٠- عبدالحميد المغربي، **الإدارة الاستراتيجية لمواجهة تحديات القرن الحادي والعشرين**، مجموعة النيل العربية، القاهرة.

١١- زيادة، فريد (٢٠٠٦) **المبادئ والأصول لإدارة الأعمال**: مطبعة الشعب.

١٢- سالم، فؤاد الشيخ (١٩٩٨) **المفاهيم الإدارية المدنية**، مركز الكتب الأردني، عمان.

١٣- السلمي، علي(١٩٩٥) **الرقابة الإدارية على المال والأعمال في شركات المساهمة والمؤسسات المصرفية**، عمان: مكتبة تلاع العلي.

١٤- الهواري، سيد (٢٠٠٠) **الأدارة والأصول والأسس العلمية للقرن٢١**، القاهرة: مكتبة عين شمس.

١٥- الزغبي، فايز (١٩٩٥) **الرقابة الإدارية في منظمات الأعمال**، منشورات جامعة مؤتة.

١٦- الصباح، عبدالرحمن (١٩٩٥). **مبادئ الرقابة الإدارية**، عمان: دار زهران للنشر والتوزيع.

١٧- حنفي، عبدالغفار (١٩٩٦). **القرار، السلوك التنظيمي**، الأسكندرية: الدار الجامعية.

١٨- لاسكا، ديفيد(١٩٩٨) **قمة الأداء إصدارات بميك، الجيزة**: مركز البحيرات المهنية.

١٩- عبدالفتاح، محمد، ومحمد، عبدالمعطي (١٩٨١) **مبادئ الإدارة العامة**، مكتبة المحتسب، عمان، الأردن.

٢٠- فؤاد، حمدي (١٩٨١) **التنظيم والإدارة الحديثة**، بيروت: دار النهضة العربية.

٢١- عساف، محمود (١٩٧٩) **أصول الإدارة**، القاهرة: دار وهدان للطباعة والنشر.

٢٢- عبدالقادر، علاقي، مدني (١٩٨١) **الإدارة**، جدة: جامعة الملك عبدالعزيز.

٢٣- مسلم، علي (١٩٩٦) **مذكرات في تحليل وتصميم المنظمات**، الاسكندرية: جامعة الأسكندرية.

المراجع الإنجليزية

1- Frederick Taylor, "**Shop Management**", New York: Harper and Bros. 1903.

2- Henri Fayol, "**Industrial and General Management**", New York: MCGraw - Hill Book Co. 1968.

3- Koontz, H. and O'Donnel, G., "**Principles of Management**", New York: MCGraw Co., 1964.

4- B. J. Hodge and W. Anthony, "**Organization Theory**", Bosten & Bacon, Inc., 1979.

5- Andrew W. Shogan, "**Management Science**", Prentice Hall, New York, 1988.

6- Coline A. Cornall, "**Managing Change**", 2nd Ed., Prentice Hall, London, 1995.

7- Douglas J., Massie J., "**Managing**", Prentice Hall Enc. N. J., 1981.

8- Gullet C. and Hicks H, "**Management**", MCGraw Hill Book Co., 1981.

9- Henery Sisk and others, "**Management and Organization**", Prentice Hall, 1982.

10- Liada A. Hill, "**Becoming a Manager**", Harver Business School, 1992.

11- Thomas Donaldson, "**Business Ethices**", Prentice Hall, 1995.

12- Dalton MacFarland, "**Management**", Foundation & Practice, New York, MacMillan Publishing Co. Inc., 1979.

13- Donnelly, james Jr., and others, "**Fundamental of Managem-ent**", Irwin, 1999.

14- Daft, Richard L., "**Management**", 5th Edition, Harcourt Publi-sher, 2000.

15- Richard L. Daft, "**Management**", U.S.A., Harcourt College Publisher, 2000.

16- Robbins, S. & Coulter, "**Management**", Newjersy, Prentice Hall, 1999.

17- www.moe.google.gov.com/regqus

فهرس المحتويات

الموضوع	رقم الصفحة
الوحدة الأولى : المدخل إلى علم الإدارة	٩
- مفهوم الإدارة	١١
- تعريف المدير	١٣
- طبيعة الإدارة	١٣
- وظائف المدير	١٤
- أهمية الإدارة	١٥
- مستويات الإدارة	١٦
- وظائف الإدارة	١٧
- مجالات الإدارة	١٨
- مفهوم الإدارة المحلية	١٩
- علاقة الإدارة بالعلوم الأخرى	٢٢
الوحدة الثانية: تطور الفكر الإداري والمدارس الإدارية	٢٥
- مدارس أو مدخل الإدارة	٢٧
- نظرية الإدارة العلمية	٢٨
- رواد الإدارة العلمية	٢٨
- البيروقراطية	٣٣
- المدخل السلوكي أو المدرسة الكلاسيكية الحديثة	٤٠
- حركة العلاقات الإنسانية	٤١
- المدخل المعاصر	٤٤
- الإدارة بالأهداف ولنتائج	٤٨
- الإدارة اليابانية	٥٠
الوحدة الثالثة: التخطيط واتخاذ القرارات الإدارية	٥٣
- تعريف التخطيط	٥٥
- أهمية التخطيط	٥٦
- مراحل عملية التخطيط	٥٨

٦٠	- فعالية التخطيط
٦٣	- أنواع التخطيط
٦٥	- مراحل التخطيط العلمي
٦٦	- العوامل المؤثرة على التخطيط العلمي
٦٧	- عناصر التخطيط
٧٢	- التخطيط من خلال مبدأ الإدارة بالأهداف
٧٢	- صعوبات التخطيط
٧٥	الوحدة الرابعة : أتخاذ القرارات الإدارية
٧٧	- تعريف عملية اتخاذ القرارات
٧٨	- عناصر عملية اتخاذ القرارات الإدارية.
٨٠	- أهمية اتخاذ القرارات الإدارية.
٨٠	- أنواع القرارات الإدارية.
٨١	- القراءات المبرمجة والقراءات غير المبرمجة
٩٠	- الأبعاد الشخصية المؤثرة في اتخاذ القرارات الإدارية.
٩٣	- أنماط اتخاذ القرارات الإدارية.
٩٧	- تحسين القرارات الإدارية وزيادة فاعليتها.
١٠١	الوحدة الخامسة: التنظيم
١٠١	- المقدمة
١٠١	- التنظيم الإداري
١٠١	- تعريف التنظيم
١٠٤	- أهمية التنظيم
١٠٥	- أسس نظرية التنظيم
١٠٩	- عناصر التنظيم الإداري
١١٠	- مبادئ التنظيم الإداري
١١٢	- وظائف التنظيم
١١٣	- خطوات ومراحل التنظيم
١١٥	- السلطة
١١٨	- أشكال التنظيم
١٣٢	- أشكال الخرائط

١٢٥	الوحدة السادسة: السلطة والمسؤولية	
١٣٧	مفهوم السلطة	-
١٣٩	مصادر السلطة	-
١٤١	فاعلية السلطة	-
١٤٢	أنواع السلطة	-
١٤٦	تفويض السلطة	-
١٤٨	المركزية واللامركزية	-
١٥٢	مميزات اللامركزية	-
١٥٤	المسؤولية	-
١٥٧	الوحدة السابعة : التوجيه والقيادة	
١٥٩	مقدمة	-
١٥٩	مفهوم التوجيه	-
١٦٢	متطلبات التوجيه	-
١٦٥	القيادة	-
١٦٥	مفهوم القيادة الإدارية	-
١٨٠	أنواع القيادة الإدارية	-
١٨١	صفات القائد الإداري	-
١٨٢	الصفات الشخصية	-
١٨٣	الصفات القيادية	-
١٨٦	الأخطاء الرئيسية في عملية التقييم	-
١٨٧	المهام الأساسية للقائد المدير	-
١٩١	أساليب القيادة	-
١٩٣	الإدارة المتقلبة	-
١٩٤	تعريف الإتصال وماهيته	-
١٩٦	الأتصال كعملية	-
١٩٧	أنواع الإتصالات	-
١٩٩	فعالية الإتصال	-

٢٠٣	الوحدة الثامنة: الحوافز
٢٠٥	- مقدمة
٢٠٥	- مفهوم الحوافز
٢٠٦	- أنواع الحوافز
٢١٣	- استراتيجية الحوافز
٢١٥	الوحدة التاسعة: الرقابة
٢١٧	- مفهوم الرقابة الإدارية
٢١٩	- أهمية الرقابة
٢١٩	- علاقة الرقابة بالوظائف الإدارية الأخرى
٢٢٠	- مراحل العملية الرقابية
٢٢٣	- خصائص نظام الرقابة الجيد
٢٢٦	- النظام الرقابي
٢٢٧	- مكونات النظام الرقابي الجيد
٢٢٨	- أنواع الرقابة
٢٣١	- أسباب الأنحرافات في الرقابة وطرق معالجتها
٢٣٣	المراجع
٢٣٥	فهرس المحتويات

Printed in the United States
By Bookmasters

T0271442